AF748469

OpenCloud auf dem Raspberry Pi

Schritt für Schritt zur eigenen Open-Source-Cloud

Heike Jurzik

Dieses Buch habe ich mit großer Sorgfalt recherchiert, geschrieben, geprüft und produziert. Dennoch kann ich Fehler nicht ganz ausschließen und selbstverständlich keine Garantie oder Verantwortung übernehmen – etwa für zukünftige Änderungen in der Befehlssyntax, für nicht vorhandene Funktionen in OpenCloud oder für die Ankunft von Aliens auf dem Mond.

Sollte etwas nicht so wie beschrieben funktionieren, schicken Sie mir bitte eine E-Mail:

post@yuki-likes-snow.de

Dieses Buch ist urheberrechtlich geschützt. Sie dürfen es für den persönlichen Gebrauch ausdrucken und kopieren. Das Weitergeben einer elektronischen oder gedruckten Kopie an Dritte ist nicht erlaubt.

Kein Teil dieses Buches darf ohne schriftliche Genehmigung der Autorin in irgendeiner Form (Druck, Fotokopie, Mikrofilm usw.), auch nicht für Zwecke der Unterrichtsgestaltung, vervielfältigt oder verbreitet werden.

Copyright © 2026 Heike Jurzik, Köln

1. Auflage

OpenCloud auf dem Raspberry Pi –
Schritt für Schritt zur eigenen Open-Source-Cloud

Softcover: ISBN 978-3-910462-16-8
E-Book: ISBN 978-3-910462-17-5

Autorin und Herausgeberin:
Heike Jurzik
Genter Str. 13–15
50672 Köln
post@yuki-likes-snow.de
www.yuki-likes-snow.de

Covergestaltung: Heike Jurzik
Cover-Hintergrund: „High Tech Background“ von Just_Super/Getty Images Signature (@gettysignature) und „Hi Tech HUD Design Style“ von VectorMine (@vectormine); Nutzung gemäß Canva-Pro-Lizenz. Verwendung des OpenCloud-Logos mit freundlicher Genehmigung der OpenCloud GmbH.
Illustrationen im Buch: Laura Behrenberg (@rii_draws)

E-Book-Plattform und Druck:
KDP von Amazon Media EU S.à r.l., 38 Avenue John F. Kennedy,
L-1855 Luxembourg

Bibliografische Information: Die Deutsche Nationalbibliothek verzeichnet diese Publikation in der Deutschen Nationalbibliografie; detaillierte bibliografische Daten sind im Internet über http://dnb.d-nb.de abrufbar.

Inhalt

Liebe Leserin, lieber Leser,

als der erste Raspberry Pi[1] 2012 auf den Markt kam, waren meine Linux-Freunde und ich hellauf begeistert: ein winziger Computer, kaum größer als eine Zigarettenschachtel, für kleines Geld zu haben – und trotzdem leistungsfähig genug, um ein vollwertiges Linux-System zu betreiben. Es dauerte nicht lange, bis wir alle einen Raspberry Pi hatten und mit unseren ersten Projekten loslegten. Ob als Media-Center, kleiner Webserver im Heimnetz oder als Steuerzentrale für das eigene Smart Home – wir haben viel ausprobiert, installiert, verworfen und neu aufgesetzt.

Inzwischen ist der Raspberry Pi erwachsen geworden. Aktuelle Modelle wie der Raspberry Pi 5 bringen deutlich mehr Rechenleistung, schnellen Massenspeicher, stabile Netzwerkschnittstellen und ein riesiges Software-Ökosystem mit. Der kleine Einplatinen-Computer hat seine Bastelphase hinter sich gelassen. Er läuft heute zuverlässig im Dauerbetrieb und übernimmt Aufgaben, für die früher ausgewachsene Server vorgesehen waren – nur eben leiser, sparsamer und deutlich kleiner.

Und damit ändern sich auch die Erwartungen. Wer einen Rechner rund um die Uhr laufen lässt, will mehr als ein Media-Center im Stand-by. Dateien sollen jederzeit verfügbar sein. Zusammenarbeit soll funktionieren. Der Zugriff auf die eigenen Daten soll selbstverständlich sein – egal, von welchem Gerät aus.

Genau hier kommt OpenCloud[2] ins Spiel. Die Plattform bündelt Dateiverwaltung, Zusammenarbeit und sicheren Zugriff auf eigene Daten – offen, überschaubar und unter Ihrer Kontrolle.

---

1. https://www.raspberrypi.com/
2. https://opencloud.eu/de

Dieses Buch zeigt Schritt für Schritt, wie Sie OpenCloud auf einem Raspberry Pi installieren und betreiben. Sie benötigen dafür kein spezielles Zubehör, keinen Lötkolben und keine Spezialkenntnisse. Stattdessen bauen Sie eine eigene Cloud-Infrastruktur auf, die im Alltag funktioniert: zu Hause, im kleinen Team oder als Lernprojekt.

Die hier beschriebene Installation folgt der offiziellen OpenCloud-Dokumentation für den Raspberry Pi[3] und begleitet Sie Schritt für Schritt bei der Installation und Konfiguration. Sie bereiten das System vor, installieren ein Betriebssystem auf dem Raspberry Pi, danach OpenCloud und richten die wichtigsten Funktionen ein. Am Ende synchronisieren Sie Dateien, Kalender und Adressbücher zwischen Ihren Geräten und dem Raspberry Pi – und wissen dabei genau, was auf Ihrem System und mit Ihren Daten passiert.

Verabschieden Sie sich von unnötigen Abhängigkeiten. Eine eigene Open-Source-Cloud auf dem Raspberry Pi schafft die Grundlage für digitale Souveränität und echte Privatsphäre.

Heike Jurzik, Januar 2026

---

3. https://docs.opencloud.eu/de/docs/admin/getting-started/other/raspberry-pi

Kapitel 1
Über dieses Buch

Dieses Buch begleitet Sie von den ersten Schritten bis zum laufenden Betrieb Ihrer eigenen OpenCloud-Instanz auf dem Raspberry Pi. Es richtet sich an alle, die ihre Cloud selbst betreiben möchten – mit einem guten Gefühl dafür, was im Hintergrund passiert.

Zu Beginn geht es um die Grundlagen: das passende System, den ersten Login per SSH und ein sicheres Arbeiten auf der Shell. Danach folgt Schritt für Schritt die Installation der Docker-Umgebung und der Start von OpenCloud – zunächst im Testbetrieb, später im normalen Alltag. Sie lernen die Oberfläche kennen, richten Benutzer und Rollen ein und arbeiten mit Spaces als zentralem Element der Zusammenarbeit.

Im weiteren Verlauf geht es um typische Erweiterungen eines OpenCloud-Setups: externer Speicher, Kalender und Adressbücher über Radicale, die Anbindung von Apple- und Android-Geräten, native Apps sowie die Integration von Collabora für gemeinsames Arbeiten an Dokumenten. Themen wie Sicherheit, Datenschutz und die öffentliche Erreichbarkeit Ihrer OpenCloud spielen ebenfalls eine wichtige Rolle.

Die letzten Kapitel widmen sich dem Betrieb: Datensicherung, Wartung und Updates sowie ein eigenes Kapitel zum Troubleshooting. Dort geht es darum, den Überblick zu behalten, Veränderungen einzuordnen und bei Problemen gezielt nachzuschauen: in den Docker-Logs und in den Systemprotokollen. Das Buch endet mit Hinweisen zu hilfreichen Handbüchern und Austauschmöglichkeiten in der OpenCloud-Community.

Meine Testumgebung

Ich habe einen Raspberry Pi 5 mit einem 64-Bit-Quad-Core-Prozessor (2,4 GHz) und 8 GByte Arbeitsspeicher als Testrechner verwendet. Darauf habe ich zunächst Raspberry Pi OS Lite (64 Bit, Dezember 2025) und dann OpenCloud 4.1.0 rolling (Januar 2026) installiert.

Den Austausch von Daten mit der eigenen Cloud habe ich mit den folgenden Client-Geräten überprüft:

- iOS 26.1
- macOS 14.4.1 (Sonoma)
- Android 15

Schreibweisen in diesem Buch

- Tastatureingaben kennzeichne ich durch eckige Klammern. `[A]` ist das kleine „a“, `[Umschalt]+[A]` meint den Großbuchstaben „A“.
- Tastenkombinationen, also die Eingabe mehrerer Tasten hintereinander, enthalten ein Pluszeichen. `[Strg]+[C]` heißt: Halten Sie `[Strg]` gedrückt und betätigen dann die Taste `[C]`.
- Für Benutzereingaben verwende ich eine `Nicht-Proportionalschrift`. Wenn Sie als Benutzer `root` (Systemverwalter) arbeiten, schreibe ich das dazu.
- Auch längere Ausgaben (Listings) erscheinen in `Nicht-Proportionalschrift`. Eingetippte Kommandos in den Listings habe ich **`gefettet`**, um sie von den Ausgaben der Befehle zu unterscheiden.
- Menüeinträge und Beschriftungen von Schaltflächen erscheinen *kursiv*.

Tipps, Hinweise und Warnungen

Dieses Buch kennzeichnet Zusatzinformationen, Erläuterungen und kritische Schritte mit drei unterschiedlichen Hinweisen.

Tipp:
Beschreibt eine bewährte Vorgehensweise, eine hilfreiche Einstellung oder eine nützliche Abkürzung aus der Praxis.

Hinweis:
Liefert ergänzende Informationen oder etwas Hintergrundwissen. Nicht zwingend notwendig, aber hilfreich, um den Zusammenhang besser zu verstehen.

Warnung:
Kennzeichnet einen kritischen Schritt, der Auswirkungen haben kann. Ein kurzer Moment Aufmerksamkeit an dieser Stelle hilft, späteren Ärger zu vermeiden.

Kapitel 2
Warum OpenCloud auf dem Pi?

Dieses Buch zeigt, wie Sie OpenCloud auf einem Raspberry Pi installieren und betreiben. Die Schritte folgen der offiziellen Installationsanleitung[1] für diese Plattform. Sie starten mit der Installation eines regulären Betriebssystems (Raspberry Pi OS) und setzen danach OpenCloud aus vom Hersteller bereitgestellten Docker-Images[2] zusammen. Die einzelnen Dienste laufen in Containern und starten gemeinsam. Sie sehen jederzeit, was auf dem System passiert.

OpenCloud besteht nicht aus einem einzigen Programm. Mehrere Dienste greifen wie Zahnräder ineinander und bilden zusammen die Cloud. Diese Kombination nennt man einen *Stack*. Zum Stack gehören unter anderem die Weboberfläche, die Dateiverwaltung, Dienste für Suche und Indexierung sowie Komponenten für Synchronisation und Freigaben.

Docker kümmert sich darum, diese Teile zu starten und miteinander zu verbinden. Für Sie bedeutet das: klare Zuständigkeiten, übersichtliche Abläufe und keine versteckte Magie.

Warum ein Raspberry Pi?

OpenCloud läuft auch auf anderen Systemen. Dieses Buch konzentriert sich auf den Raspberry Pi, weil er für den Dauerbetrieb gemacht ist. Der Pi läuft rund um die Uhr, bleibt leise und verbraucht dabei deutlich weniger Strom als ein Laptop oder Desktop-Rechner. Eine Cloud sollte ständig erreichbar sein. Ein System, das regelmäßig ausgeschaltet wird, ist im Alltag wenig hilfreich.

---

1. https://docs.opencloud.eu/docs/admin/getting-started/other/raspberry-pi
2. https://github.com/opencloud-eu/opencloud-compose.git

Dazu kommt der Speicher. Über USB oder NVMe erweitern Sie den Raspberry Pi ganz unkompliziert um zusätzlichen Platz für Benutzerdaten. So verwalten Sie nicht nur Kalender und Adressbücher, sondern auch größere Dateien, Fotosammlungen oder gemeinsam genutzte Ordner. Der Pi übernimmt damit die Rolle eines kleinen Servers mit klaren Aufgaben.

Hinweis:
NVMe steht für *Non-Volatile Memory Express*. Eine NVMe-SSD arbeitet deutlich schneller als klassische USB-Festplatten, vor allem bei vielen kleinen Zugriffen.

Was OpenCloud mitbringt

OpenCloud bildet die Grundlage für alle Beispiele in diesem Buch. Die Software konzentriert sich auf einen klaren Funktionskern und verzichtet auf eine unüberschaubare Sammlung einzelner Zusatzprogramme.

Zum Kern von OpenCloud gehören die grundlegenden Funktionen für Dateiablage und Zusammenarbeit:

- **Dateiverwaltung** mit Ordnern, Freigaben und Versionierung
- **Weboberfläche** für den Zugriff über den Browser
- **Synchronisation** für Clients und mobile Geräte
- **Suche und Indexierung** für Inhalte und Metadaten
- **Viewer-Komponenten** für gängige Dateiformate wie PDFs und Bilder

Damit deckt OpenCloud die zentralen Aufgaben im Cloud-Alltag ab. Sie speichern Dateien zentral, teilen Inhalte mit anderen Anwender*innen und gleichen Termine sowie Kontakte zwischen Ihren Geräten ab. OpenCloud setzt konsequent auf offene Schnittstellen. So bleiben Sie unabhängig von proprietären Formaten und binden vorhandene Anwendungen problemlos ein.

Optionale Erweiterungen

Sie können OpenCloud um zusätzliche Dienste erweitern:

- **Kalender- und Adressbuchabgleich** über offene Standards wie CalDAV und CardDAV, z. B. mit Radicale[3]
- **Office-Integration** über Collabora[4] (separater Dienst, eigene Konfiguration)
- weitere **Web Applications**, die Sie nach Bedarf einbinden können[5]

Technisch trennt OpenCloud die einzelnen Aufgaben sauber voneinander. Jeder Dienst übernimmt eine klar definierte Rolle und läuft in einem eigenen Container. Diese Aufteilung erleichtert Updates und Wartung. Wenn etwas hakt, schauen Sie gezielt auf den betroffenen Dienst und müssen nicht das gesamte System untersuchen.

Alle Anleitungen, Konfigurationen und Hinweise in diesem Buch beziehen sich auf OpenCloud 4.1.0 in genau dieser Architektur. Sie arbeiten mit einem realen Setup, das sich im Alltag betreiben und nachvollziehen lässt.

> **Tipp:**
> Im Benutzerhandbuch[6] finden Sie eine ausführliche Beschreibung aller OpenCloud-Komponenten und -Funktionen.

3. https://radicale.org/
4. https://docs.opencloud.eu/docs/user/collabora
5. https://docs.opencloud.eu/docs/admin/configuration/web-applications
6. https://docs.opencloud.eu/de/docs/user/intro

Kapitel 3
Was Sie brauchen

OpenCloud stellt keine exotischen Anforderungen. Trotzdem lohnt es sich, vor dem Start einen kurzen Blick auf die Hardware und die eigene Umgebung zu werfen. Ein paar Mindestvoraussetzungen sorgen dafür, dass Installation und Betrieb reibungslos laufen und die Cloud im Alltag nicht ausbremst.

Wo OpenCloud auf dem Pi sinnvoll ist

OpenCloud auf dem Raspberry Pi eignet sich für private Nutzung, Lernprojekte und kleinere Setups. Der Pi läuft zuverlässig im Dauerbetrieb, bringt aber naturgemäß begrenzte Ressourcen mit. Für die in diesem Buch beschriebenen Szenarien ist das kein Nachteil: Die überschaubare Plattform macht die Abläufe gut nachvollziehbar.

Der passende Raspberry Pi

Für OpenCloud benötigen Sie mindestens einen Raspberry Pi 4B mit 4 GByte Arbeitsspeicher. Weniger RAM führt schnell zu unnötigen Wartezeiten, insbesondere wenn mehrere Dienste gleichzeitig aktiv sind.

> 💡 **Tipp:**
> Modelle wie der Raspberry Pi 5 bieten zusätzliche Leistungsreserven und reagieren im Alltag spürbar flotter.

Der Raspberry Pi sollte dauerhaft mit dem Netzwerk verbunden sein. WLAN reicht für viele Szenarien aus, eine kabelgebundene Verbindung über LAN arbeitet jedoch stabiler und empfiehlt sich besonders für den Dauerbetrieb.

Speicher für System und Daten

Das Betriebssystem und die OpenCloud-Umgebung liegen auf einer microSD-Karte mit mindestens 32 GByte Speicherplatz. Damit bleibt ausreichend Raum für Updates und Konfigurationsdateien.

Für Nutzerdaten empfiehlt sich zusätzlicher Speicher. Über USB oder NVMe binden Sie externe SSDs oder Festplatten an. Eine SSD arbeitet deutlich schneller als klassische USB-Sticks oder Festplatten und macht sich vor allem bei vielen kleinen Dateien, Suchanfragen und Synchronisationen bemerkbar.

Die Trennung von System und Daten ist wichtig: Die microSD-Karte eignet sich gut für das Betriebssystem und die OpenCloud-Umgebung, nicht jedoch als dauerhafter Speicherort für Benutzerdaten. SD-Karten sind vergleichsweise anfällig für Verschleiß und Ausfälle.

> ⚠️ **Warnung:**
> Nutzen Sie die microSD-Karte nicht als Datenspeicher. Ein separates Laufwerk schützt besser vor Datenverlust und vereinfacht Backups.

Checkliste

Bevor Sie starten, sollten folgende Dinge vorhanden sein:

- ein Raspberry Pi 4B oder neuer mit mindestens 4 GByte RAM
- ein passendes Netzteil
- eine microSD-Karte mit mindestens 32 GByte
- ein Computer mit Linux, macOS oder Windows zum Vorbereiten der SD-Karte
- eine Möglichkeit, die microSD-Karte mit diesem Computer zu verbinden, z. B. ein microSD-auf-SD-Adapter oder ein USB-Kartenleser für microSD-Karten

- eine Netzwerkverbindung per LAN oder WLAN
- zusätzlicher externer Speicher, auf dem die Daten der eigenen Cloud liegen; je nach Datenmenge sollte das ein USB-Stick oder eine externe Festplatte in ausreichender Größe sein

Raspberry Pi 5 mit microSD-Karte und SD-Adapter

Einen Bildschirm oder eine Tastatur benötigen Sie in der Regel nicht. Stattdessen greifen Sie per SSH auf den Raspberry Pi zu und arbeiten auf der Kommandozeile. Das hat einen großen Vorteil: Sie sehen genau, was auf dem System passiert, und behalten jederzeit die Kontrolle über die einzelnen Schritte.

Dieses Buch führt Sie behutsam an die Kommandozeile heran. Alle Befehle erkläre ich im Kontext, zeige typische Stolperstellen und gehe davon aus, dass Sie nicht täglich auf der Shell arbeiten. Sie müssen nichts „einfach wissen“ oder auswendig lernen.

Kapitel 4
Image auf SD-Karte schreiben

Bevor der Raspberry Pi starten kann, braucht er ein Betriebssystem. Dieses installieren Sie nicht wie auf einem normalen Computer, sondern schreiben ein fertiges Abbild auf die microSD-Karte. Dieser Vorgang wird oft als *Flashen* bezeichnet – klingt technisch, ist aber in der Praxis sehr unkompliziert. Dabei passiert Folgendes:

- Das Betriebssystem wird als komplettes Image auf die SD-Karte geschrieben.
- Die SD-Karte wird dadurch bootfähig; der Raspberry Pi kann direkt von ihr starten.
- Alle Daten auf der SD-Karte werden dabei gelöscht.

Keine Sorge: Das Flashen ist ein gut geführter, weitgehend automatisierter Vorgang. Wenn Sie die Schritte in diesem Kapitel der Reihe nach ausführen, können Sie dabei kaum etwas falsch machen. Sie brauchen weder besondere Vorkenntnisse noch Kommandozeilen-Magie – ein normaler Computer und ein paar Klicks reichen aus.

In den nächsten Abschnitten zeige ich Ihnen Schritt für Schritt, wie Sie Raspberry Pi OS in der passenden Variante auswählen und unter Windows, macOS oder Linux auf die SD-Karte schreiben. Danach ist Ihr Raspberry Pi bereit für den ersten Start.

Richtiges Raspberry Pi OS auswählen

Raspberry Pi OS[1] gibt es in mehreren Varianten. Sie unterscheiden sich in Architektur und Ausstattung. Für OpenCloud benötigen Sie ein System, das für den Dauerbetrieb ausgelegt ist und ohne grafi-

---

1. https://www.raspberrypi.com/software/

Oberfläche auskommt. Die folgenden Abschnitte zeigen, welche Variante dafür geeignet ist und warum.

Welche Raspberry-Pi-Modelle unterstützt werden

Für die in diesem Buch beschriebene Installation eignen sich aktuelle Modelle wie der Raspberry Pi 4B oder der Raspberry Pi 5. Diese Geräte bieten ausreichend Rechenleistung, genügend Arbeitsspeicher und stabile Netzwerkschnittstellen für den Betrieb von OpenCloud.

Raspberry Pi OS ist als 32-Bit- und als 64-Bit-Version verfügbar:

- Die **32-Bit-Version** richtet sich vor allem an ältere Raspberry-Pi-Modelle.
- Die **64-Bit-Version** nutzt moderne Hardware besser aus und kann Arbeitsspeicher effizienter ansprechen.

Tipp:
Für OpenCloud verwenden Sie am bsten Raspberry Pi OS 64-Bit (Lite). Diese Variante bildet die Grundlage für alle weiteren Schritte in diesem Buch.

Desktop oder Lite?

Raspberry Pi OS gibt es außerdem mit und ohne grafische Oberfläche.

- **Raspberry Pi OS:** Basiert auf Debian GNU/Linux „Trixie“ und enthält eine vollständige grafische Benutzeroberfläche.
- **Raspberry Pi OS Full:** Bringt außer der grafischen Oberfläche weitere Anwendungen mit.
- **Raspberry Pi OS Lite:** Verzichtet auf eine grafische Oberfläche; Sie arbeiten ausschließlich auf der Kommandozeile.

Für den Betrieb von OpenCloud ist keine grafische Oberfläche erforderlich. Der Raspberry Pi übernimmt hier die Rolle eines Servers und arbeitet im Hintergrund. Genau dafür ist Raspberry Pi OS Lite gedacht. Der Verzicht auf den Desktop hat klare Vorteile: Das System benötigt weniger Rechenleistung und Arbeitsspeicher, startet schneller und bleibt übersichtlich. Updates und Wartung betreffen nur die tatsächlich benötigten Komponenten, was den laufenden Betrieb vereinfacht und Fehlerquellen reduziert. Für OpenCloud ist Raspberry Pi OS Lite daher die passende Grundlage.

SD-Karte mit dem Computer verbinden

Um Raspberry Pi OS auf die SD-Karte zu schreiben, verbinden Sie die Karte zunächst mit einem Computer. Dafür nutzen Sie einen Kartenleser. Das kann ein microSD-zu-SD-Adapter sein, ein USB-Kartenleser oder ein integrierter Kartensteckplatz im Laptop. Wichtig ist nur, dass die SD-Karte vom Betriebssystem als Laufwerk erkannt wird.

> **Hinweis:**
> Der Raspberry Pi selbst kann die Karte nicht vorbereiten. Ohne vorhandenes Betriebssystem startet er nicht. Erst nachdem die SD-Karte beschrieben wurde, kommt der Raspberry Pi ins Spiel.

Je nach Betriebssystem kann beim Einstecken der SD-Karte eine Meldung erscheinen. Unter Windows wird die Karte meist als neues Laufwerk angezeigt. Unter macOS und Linux erscheint sie ebenfalls im Finder/Dateimanager oder als neues Volume.

Es ist nicht notwendig, die SD-Karte vorab zu formatieren. Der Raspberry Pi Imager übernimmt diesen Schritt automatisch. Falls das Betriebssystem anbietet, die Karte zu initialisieren oder zu reparieren, brechen Sie diesen Dialog ab und starten direkt den Imager. Die Karte wird im nächsten Schritt vollständig neu beschrieben.

Raspberry Pi Imager verwenden

Zum Schreiben von Raspberry Pi OS können Sie den Raspberry Pi Imager verwenden. Das Werkzeug steht für Windows, macOS und Linux zur Verfügung und funktioniert auf allen Plattformen gleich. Es führt Sie durch die Auswahl des Betriebssystems, schreibt das Image auf die SD-Karte und überprüft das Ergebnis automatisch.

Raspberry Pi Imager herunterladen

Laden Sie den Raspberry Pi Imager passend zu Ihrem Betriebssystem herunter:

- **Windows:** https://downloads.raspberrypi.com/imager/imager_latest.exe
- **macOS:** https://downloads.raspberrypi.com/imager/imager_latest.dmg
- **Linux:** https://downloads.raspberrypi.com/imager/imager_latest_amd64.AppImage

Der Imager ist das offizielle Werkzeug der Raspberry-Pi-Foundation. Er reduziert typische Fehler beim Schreiben der SD-Karte und führt Sie in einer grafischen Oberfläche durch alle notwendigen Schritte. Installieren Sie den Image und starten ihn danach.

Raspberry-Pi-Modell auswählen

Als Erstes wählen Sie im Bereich *Modell* Ihr Gerät aus. Dieser Schritt stellt sicher, dass das Betriebssystem und die Voreinstellungen zur verwendeten Hardware passen.

Auf der rechten Seite des Dialogfensters sehen Sie eine Liste aller unterstützten Raspberry-Pi-Modelle. Suchen Sie dort Ihr Gerät heraus, z. B. einen Raspberry Pi 4 oder Raspberry Pi 5. Markieren Sie den passenden Eintrag mit der Maus.

Sobald das richtige Modell ausgewählt ist, klicken Sie auf *Weiter*. Der Imager merkt sich diese Auswahl und verwendet sie in den folgenden Schritten automatisch, sodass Sie sich nicht mehr darum kümmern müssen.

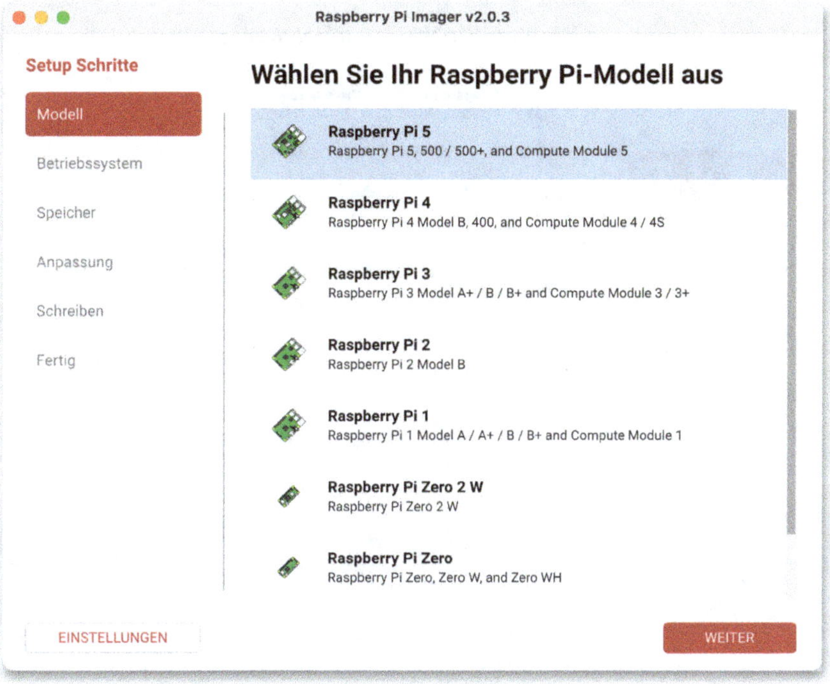

Die rechte Seite listet alle unterstützten Geräte auf.

Betriebssystem auswählen

Blättern Sie im Dialog etwas nach unten und klicken auf den Eintrag *Raspberry Pi OS (other)* und wählen dann *Raspberry Pi OS Lite (64-bit)* aus. Klicken Sie auf *Weiter*, um mit der Konfiguration fortzufahren.

SD-Karte auswählen

Der Raspberry Pi Imager fragt im nächsten Schritt nach dem Speichermedium, also der microSD-Karte. In der rechten Fensterhälfte blendet das Programm alle gefundenen Medien ein; die Checkbox

Image auf SD-Karte schreiben

Systemlaufwerke ausschließen lassen Sie am besten aktiviert, um nicht versehentlich interne Festplatten oder andere wichtige Laufwerke auszuwählen.

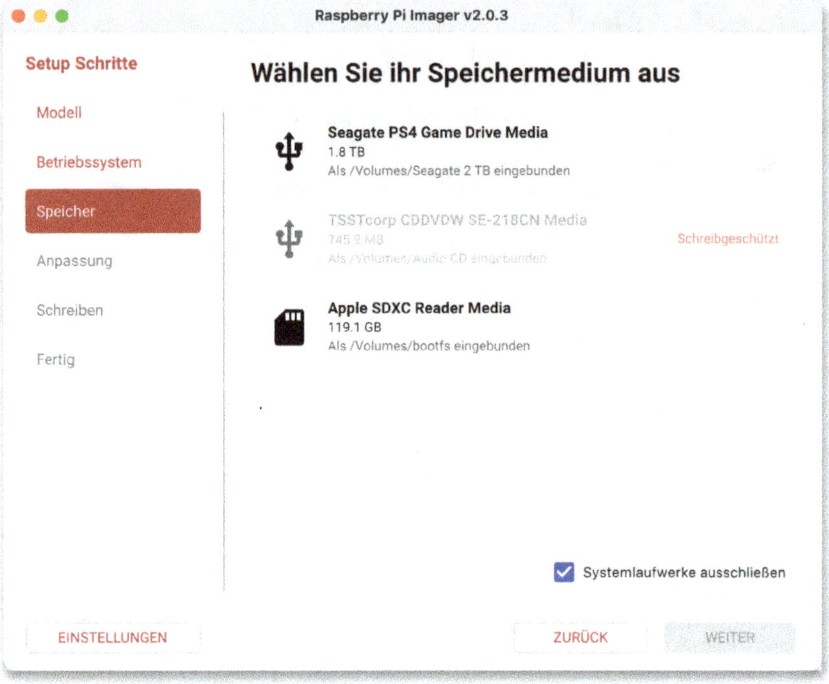

Auswahl des Zielmediums im Raspberry Pi Imager unter macOS

Klicken Sie im Imager auf die angezeigte SD-Karte (das Symbol unterscheidet sich deutlich von dem für USB-Medien) und dann auf die Schaltfläche *Weiter*. Der Name variiert je nach Kartenleser und Hersteller: Oft sehen Sie Bezeichnungen wie *SD Card*, *Generic SD*, *Apple SDXC Reader Media* oder den Namen des USB-Adapters.

> ⚠ **Warnung:**
> Überprüfen Sie sehr sorgfältig, dass Sie das richtige Laufwerk auswählen. Der Raspberry Pi Imager löscht beim Schreiben alle vorhandenen Daten auf dem Speichermedium.

Weitere Anpassungen

Bevor das Betriebssystem auf die SD-Karte geschrieben wird, nehmen Sie einige grundlegende Einstellungen vor. Das wirkt auf den ersten Blick optional, ist für ein Setup ohne Bildschirm und Tastatur aber ausgesprochen hilfreich. In den nächsten Dialogen legen Sie fest, wie Ihr Raspberry Pi im Netzwerk heißt, wie Sie sich anmelden, wie er ins Netzwerk kommt und wie Sie ihn aus der Ferne erreichen. Alles, was Sie hier einstellen, wird direkt in das System übernommen und steht beim ersten Start sofort zur Verfügung.

Der *Hostname* ist der Name, unter dem Ihr Raspberry Pi im Netzwerk erreichbar ist. Er ersetzt später kryptische IP-Adressen und macht den Zugriff deutlich angenehmer. Wählen Sie einen kurzen, eindeutigen Namen, z. B. `cloudpi`. Er sollte nur aus Kleinbuchstaben, Zahlen und Bindestrichen bestehen. Leerzeichen und Sonderzeichen sind nicht erlaubt.

Im Bereich *Lokalisierung* legen Sie fest, wo Ihr Raspberry Pi betrieben wird. Daraus ergeben sich Zeitzone, Sprache und Tastaturlayout. Wählen Sie Ihren Standort aus, z. B. *Berlin (Germany)*. Die Zeitzone wird automatisch passend gesetzt, in Deutschland in der Regel *Europe/Berlin*. Auch das Tastaturlayout können Sie hier direkt festlegen, etwa *de* für eine deutsche Tastatur.

Unter *Benutzer* richten Sie das Benutzerkonto für Ihren Raspberry Pi ein. Dieses Konto benötigen Sie später für die Anmeldung per SSH und für administrative Aufgaben. Wählen Sie einen Benutzernamen in Kleinbuchstaben. Anschließend vergeben Sie ein Passwort und bestätigen es.

> **Hinweis:**
> Das früher übliche Standardkonto `pi` wird nicht mehr automatisch angelegt. Das ist ein Sicherheitsgewinn und sorgt dafür, dass Ihr System von Anfang an individuell konfiguriert ist.

Image auf SD-Karte schreiben

Da der Raspberry Pi in diesem Setup ohne Bildschirm und Tastatur betrieben wird, ist eine funktionierende Netzwerkverbindung entscheidend. Am einfachsten richten Sie das WLAN bereits hier ein. Geben Sie den Namen Ihres WLANs (SSID) und das dazugehörige Passwort ein. Der Raspberry Pi verbindet sich beim ersten Start automatisch mit dem angegebenen Netzwerk. Wenn Sie stattdessen ein LAN-Kabel verwenden, können Sie diesen Schritt überspringen.

Damit Sie den Raspberry Pi später aus der Ferne, also ohne Tastatur und Bildschirm, administrieren können, aktivieren Sie SSH unter *Fernzugriff*. Wählen Sie die Anmeldung per Passwort. Für den Einstieg ist das vollkommen ausreichend und vermeidet unnötige Komplexität. Eine Anmeldung per Schlüssel können Sie später jederzeit ergänzen.

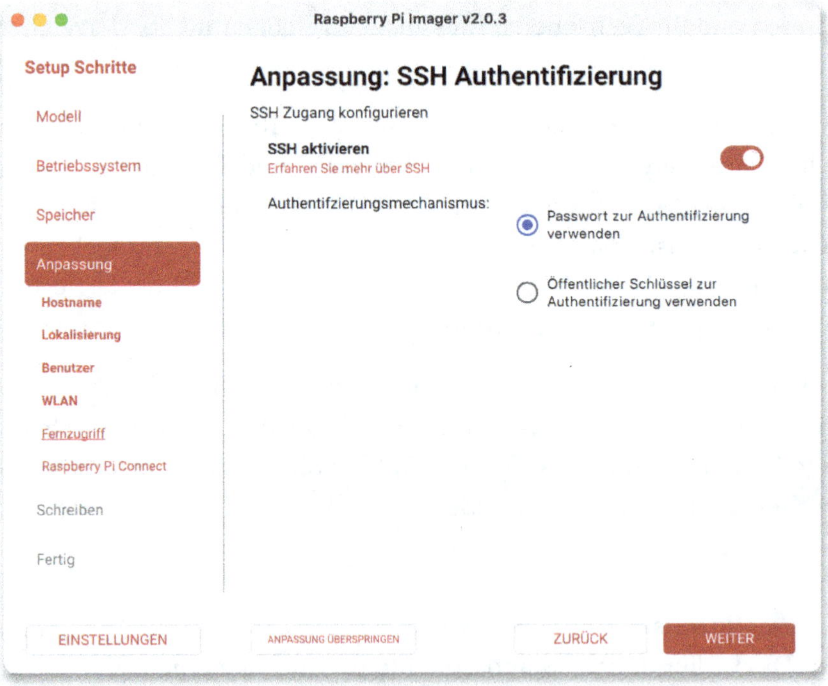

Stellen Sie sicher, dass der Raspberry Pi direkt nach dem Start erreichbar ist.

Zum Schluss bietet der Imager an, Raspberry Pi Connect zu aktivieren. Dieser Dienst ermöglicht den Fernzugriff über einen externen Vermittlungsdienst. Für dieses Buch benötigen Sie diese Funktion nicht. Der Zugriff erfolgt später direkt über Ihr eigenes Netzwerk, z. B. über Ihre FRITZ!Box oder einen lokalen Hostnamen. Lassen Sie diese Option daher deaktiviert und fahren Sie mit dem nächsten Schritt fort.

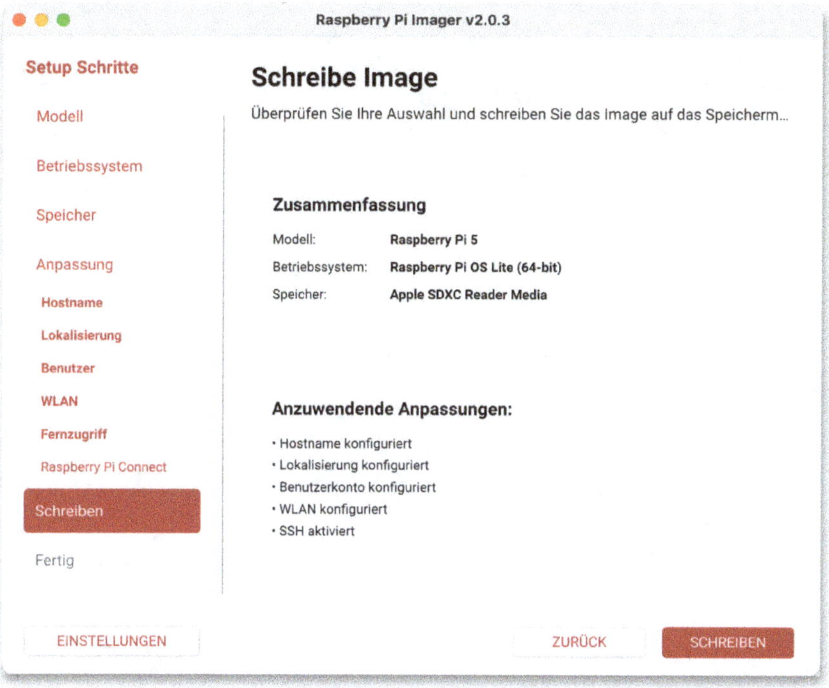

Abschließend sehen Sie eine Zusammenfassung Ihrer Konfiguration.

Image auf SD-Karte schreiben

Sobald Sie im Imager auf *Schreiben* klicken, passiert Folgendes: Das ausgewählte Betriebssystem wird auf die SD-Karte kopiert, korrekt partitioniert und so vorbereitet, dass der Raspberry Pi davon starten kann. Alle Einstellungen aus dem vorherigen Abschnitt (Hostname, Lokalisierung, Benutzer, WLAN, SSH) werden dabei direkt übernommen. Die SD-Karte ist danach sofort einsatzbereit.

Image auf SD-Karte schreiben

Bevor der Schreibvorgang startet, zeigt der Imager eine letzte Warnung an. Sie weist darauf hin, dass alle Daten auf der ausgewählten SD-Karte gelöscht werden. Bestätigen Sie über die Schaltlfläche *Ich verstehe. Lösche und schreibe.*

Während des Schreibens sehen Sie einen Fortschrittsbalken. Je nach Geschwindigkeit der SD-Karte und des Kartenlesers dauert dieser Schritt einige Minuten.

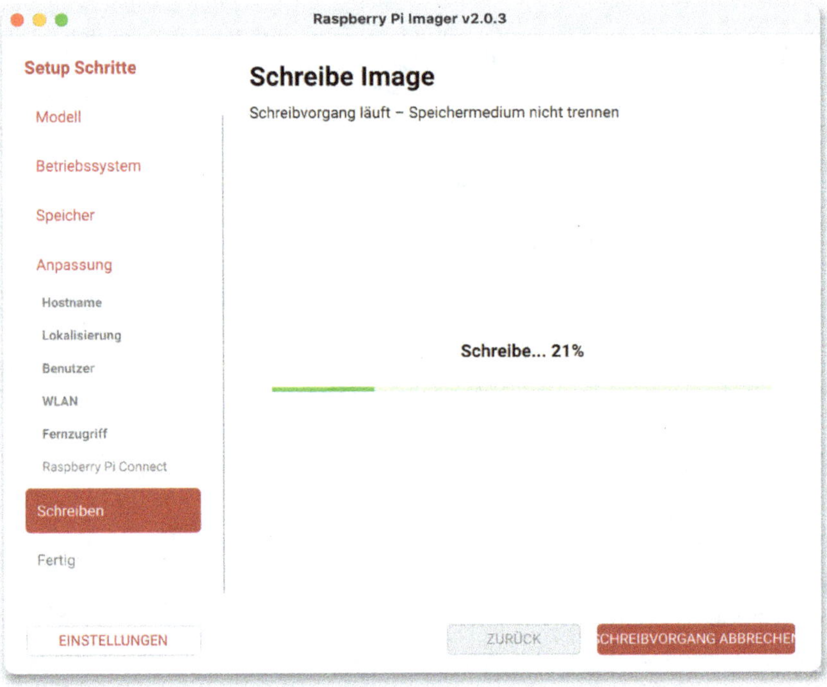

Raspberry Pi Imager zeigt den Fortschritt des Schreibvorgangs an.

Nach dem Kopieren folgt automatisch eine Überprüfung. Der Imager liest die geschriebenen Daten noch einmal ein und vergleicht sie mit dem Original. Das stellt sicher, dass die SD-Karte fehlerfrei beschrieben wurde. Wenn dieser Schritt abgeschlossen ist, können Sie sich darauf verlassen, dass das System sauber vorbereitet ist.

SD-Karte sicher entfernen und einsetzen

Werfen Sie die SD-Karte auf Ihrem Computer immer sicher aus, bevor Sie sie abziehen. Der Imager erledigt diesen Schritt automatisch für Sie. Alternativ nutzen Sie unter Windows dafür das Symbol *Hardware sicher entfernen* im Infobereich oder den Explorer. Unter macOS ziehen Sie das Laufwerk in den Papierkorb oder klicken im Finder auf *Auswerfen*. Unter Linux verwenden Sie den Dateimanager oder den Befehl zum Aushängen des Datenträgers.

Das sorgt dafür, dass wirklich alle Schreibvorgänge abgeschlossen sind und keine Daten verloren gehen. Setzen Sie die SD-Karte dann in den dafür vorgesehenen Steckplatz Ihres Raspberry Pi ein. Achten Sie darauf, dass sie vollständig einrastet. Schließen Sie den Raspberry Pi jetzt noch nicht an die Stromversorgung an, sondern überprüfen noch kurz, ob alles bereit ist.

Kurze Kontrolle vor dem ersten Start

Bevor Sie den Raspberry Pi zum ersten Mal einschalten, lohnt sich ein kurzer Blick auf die wichtigsten Punkte. Diese kleine Checkliste erspart späteres Rätselraten.

- Die SD-Karte steckt korrekt im Raspberry Pi.
- Das Netzwerk ist vorbereitet (LAN-Kabel angeschlossen oder WLAN-Zugangsdaten im Imager gesetzt).
- Eine passende Stromversorgung liegt bereit (Netzteil für den Raspberry Pi).

Wenn diese drei Punkte erfüllt sind, ist alles vorbereitet, was der Raspberry Pi für den ersten Start braucht.

Kapitel 5
Anmeldung per SSH

Raspberry Pi OS basiert auf Debian GNU/Linux. Damit können Sie den Raspberry Pi wie jeden anderen Linux-Rechner vollständig über die Kommandozeile verwalten. Dazu gehören ganz alltägliche Aufgaben wie das Installieren neuer Anwendungen, das Einspielen von Updates oder das Auswerten von Logdateien.

> 💡 **Tipp:**
> Einen Monitor, eine Tastatur oder eine Maus benötigen Sie nicht. Stattdessen verbinden Sie sich mit einem SSH-Client und geben Ihre Befehle dort ein.

Genau so werden Server und sogenannte Headless-Systeme üblicherweise betrieben – also Rechner, die dauerhaft im Hintergrund laufen und keine eigene grafische Oberfläche benötigen. SSH ist dabei der Standardzugang: zuverlässig, sicher und auf praktisch allen Betriebssystemen verfügbar. In den folgenden Abschnitten sehen Sie Schritt für Schritt, wie Sie diese Verbindung unter Linux, macOS und Windows oder von mobilen Geräten aus herstellen.

Voraussetzungen für die SSH-Anmeldung

Für die Anmeldung per SSH müssen Sie nicht viel vorbereiten. Wenn Sie das vorherige Kapitel abgeschlossen haben, sind die wichtigsten Schritte bereits erledigt: Der Raspberry Pi ist mit der vorbereiteten SD-Karte gestartet und läuft. Er hängt im gleichen Netzwerk wie Ihr Computer, entweder per LAN-Kabel oder über WLAN. Den SSH-Server auf dem Pi haben Sie beim Schreiben der SD-Karte im Raspberry Pi Imager bereits aktiviert.

Kurz gesagt: Wenn das Betriebssystem installiert ist und der Raspberry Pi Strom sowie Netzwerk hat, passt alles. Sie müssen jetzt nichts weiter am Gerät selbst tun – der Zugriff erfolgt vollständig von Ihrem Rechner aus. Schließen Sie den Pi an die Stromversorgung an, um ihn zu booten.

Den Raspberry Pi im Netzwerk finden

Bevor Sie sich per SSH mit dem Raspberry Pi verbinden können, brauchen Sie eine Zieladresse. Das kann entweder eine IP-Adresse oder ein Hostname sein. Beides erfüllt denselben Zweck: Ihr Computer weiß dadurch, wo der Raspberry Pi im Netzwerk zu finden ist.

Unter Windows, Linux und macOS gibt es mehrere Möglichkeiten, den Pi im Netzwerk aufzuspüren. Die nächsten Abschnitte stellen die verschiedenen Wege kurz vor.

Über den Router (empfohlener Weg)

Der einfachste und zuverlässigste Weg führt über Ihren Router. In den meisten Haushalten übernimmt dieser automatisch die Netzwerkverwaltung und vergibt IP-Adressen an alle Geräte – auch an den Raspberry Pi.

Öffnen Sie dazu die Verwaltungsoberfläche Ihres Routers im Browser. Bei einer FRITZ!Box ist das in der Regel `http://fritz.box`. In der Geräte- oder Netzwerkübersicht sehen Sie eine Liste aller aktuell verbundenen Geräte. Dort taucht auch der Raspberry Pi auf, meist mit dem beim Flashen vergebenen Hostnamen.

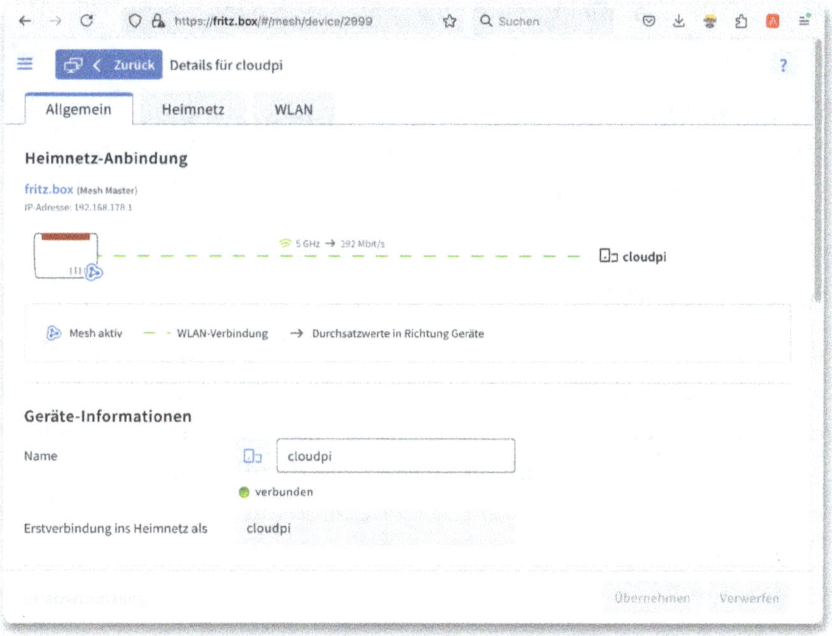

Der Raspberry Pi taucht nach dem Booten im Heimnetz auf.

Neben dem Namen finden Sie die IP-Adresse, die der Router dem Raspberry Pi zugewiesen hat, z. B. 192.168.178.137. Genau diese Adresse brauchen Sie gleich für die SSH-Verbindung.

Tipp:
Schreiben Sie sich die IP-Adresse auf oder lassen Sie das Browserfenster geöffnet. Für den Anfang reicht das völlig aus.

Über den Hostnamen

In vielen Netzwerken können Sie den Raspberry Pi auch direkt über seinen Namen erreichen. Dazu hängen Sie an den Hostnamen einfach `.local` an:

```
cloudpi.local
```

Das funktioniert über mDNS (Multicast DNS) und ist unter Linux und macOS in der Regel sofort verfügbar. Unter Windows klappt es oft ebenfalls, aber nicht immer zuverlässig – je nach Netzwerkkonfiguration.

Falls die Verbindung über den Hostnamen nicht funktioniert, ist das kein Problem und kein Fehler. In diesem Fall greifen Sie einfach zur IP-Adresse, die der Router vergeben hat.

Netzwerkscanner

Alternativ können Sie auch mit einem Netzwerkscanner das lokale Netz scannen, um die IP-Adresse herauszufinden. Unter Linux verwenden Sie dazu beispielsweise `nmap`[1] auf der Shell. Installieren Sie gegebenenfalls das fehlende Paket über den Paketmanager nach. Rufen Sie dann den Befehl mit Root-Rechten auf und geben Sie den lokalen Netzwerk-Adressbereich an.

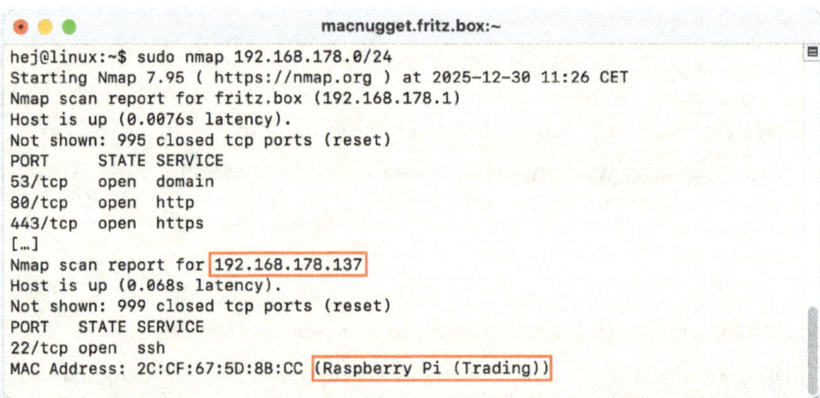

Der Portscanner „nmap" hat den Raspberry Pi mit der IP 192.168.176.137 entdeckt.

`nmap` können Sie auch unter macOS in einem Terminalfenster ausführen. Alternativ finden Sie im App Store grafische Anwendungen wie beispielsweise LanScan. Auch für Windows gibt es grafische Anwendungen, z. B. den Advanced IP Scanner[2].

1. https://nmap.org/
2. https://www.advanced-ip-scanner.com/de/

Feste IP-Adresse für den Raspberry Pi

In der Voreinstellung vergibt der Router IP-Adressen automatisch. Das übernimmt ein sogenannter DHCP-Server (Dynamic Host Control Protocol), der meistens direkt in den Router integriert ist. Auch der Raspberry Pi bekommt auf diese Weise beim Start eine freie Adresse im lokalen Netzwerk zugewiesen. Für erste Tests ist das völlig ausreichend.

Auf Dauer ist es jedoch angenehm, wenn der Raspberry Pi immer unter derselben IP-Adresse erreichbar ist – gerade bei einem Cloud-Dienst, der dauerhaft laufen soll. Wenn der DHCP-Server des Routers allen per Kabel oder über das WLAN verbundenen Geräten automatisch eine IP-Adresse zuweist, gehen Sie in die Konfigurationsoberfläche des Routers, um eine feste IP einzustellen.

In der Verwaltungsoberfläche der FRITZ!Box stellen Sie das in der Abteilung *Heimnetz / Netzwerk* ein, blättern in der Liste bis zum Eintrag *cloudpi* und klicken rechts auf das Symbol mit dem Stift, um das Gerät zu konfigurieren. In der Detailansicht können Sie den Namen verändern (oder die Voreinstellung *cloudpi* übernehmen) sowie die automatisch zugewiesene IP-Adresse 192.168.178.137 bearbeiten (Klick auf die Schaltfläche *Ändern*). Damit der Pi immer dieselbe IP-Adresse erhält, aktivieren Sie die Checkbox *Diesem Netzwerkgerät immer die gleiche IPv4-Adresse zuweisen* und bestätigen alles über *OK*.

Erste Anmeldung per SSH

Jetzt kommt der eigentliche Zugriff auf den Raspberry Pi. Ab diesem Punkt arbeiten Sie nicht mehr „an der SD-Karte“, sondern direkt auf dem laufenden System. SSH (Secure Shell) ist der Standardweg, um sich auf einem Linux-Server anzumelden. Die Verbindung ist verschlüsselt und funktioniert komplett über das Netzwerk. Ein Bildschirm oder eine Tastatur am Raspberry Pi selbst sind dafür nicht nötig, lediglich ein SSH-Client für Ihr jeweiliges Betriebssystem.

SSH unter Linux und macOS

Um per SSH auf den Raspberry Pi zuzugreifen, können Sie eine beliebige Terminal-Anwendung öffnen und am Prompt Ihre Befehle eintippen. Die allgemeine Form eines SSH-Befehls sieht so aus:

```
ssh benutzername@hostname
```

Der Teil vor dem `@` ist der Benutzername, den Sie im Raspberry Pi Imager festgelegt haben. Auf dem Testrechner sieht das Kommando also so aus:

```
ssh hej@cloudpi.local
```

Hinweis:
Das `@`-Zeichen geben Sie auf Linux-Rechnern über die Tastenkombination `[AltGr]+[Q]` und unter macOS über `[⌥]+[L]` ein.

Alternativ verwenden Sie die IP-Adresse des Raspberry Pi oder den verkürzten Hostnamen:

```
ssh hej@192.168.178.137
ssh hej@cloudpi
```

Den Benutzernamen können Sie außerdem hinter `-l` angeben und auf das `@`-Zeichen verzichten:

```
ssh -l hej cloudpi
```

Beim ersten Verbindungsaufbau meldet sich SSH mit einem Sicherheitshinweis. Das Programm teilt Ihnen mit, dass der entfernte Rechner noch unbekannt ist, und zeigt den Fingerabdruck seines kryptografischen Schlüssels an. Bestätigen Sie diese Rückfrage und geben Sie `yes` ein. Erst danach erfolgt die Passwortabfrage. Dabei erscheint kein sichtbares Feedback – weder Sternchen noch Punkte. Das ist normal und kein Fehler.

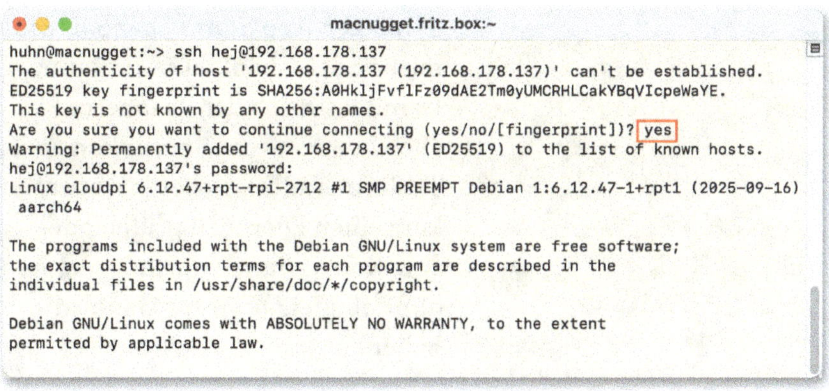

Der entfernte Rechner verrät den Fingerabdruck des öffentlichen Host-Schlüssels.

SSH unter Windows

Unter Windows 10 und Windows 11 öffnen Sie die PowerShell und geben dort denselben Befehl ein wie unter Linux oder macOS:

```
ssh hej@cloudpi.local
```

oder

```
ssh hej@192.168.178.137
```

Der Ablauf ist identisch: Beim ersten Mal bestätigen Sie den Sicherheitshinweis, danach geben Sie Ihr Passwort ein. Alternativ können Sie unter Windows auch einen grafischen SSH-Client wie PuTTY[3] verwenden. Dort tragen Sie den Hostnamen oder die IP-Adresse ein und übernehmen den voreingestellten Port 22 (Standard für SSH).

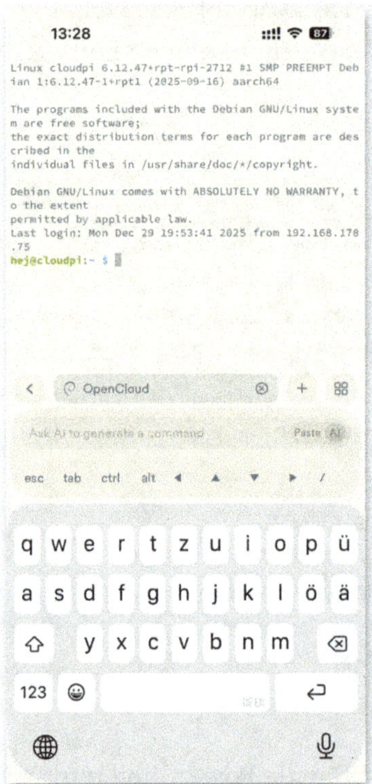

SSH-App für mobile Geräte

Für Android sowie iOS stehen in den jeweiligen App Stores ebenfalls zahlreiche SSH-Clients zur Verfügung. Damit lässt sich der Raspberry Pi auch bequem vom Smartphone oder Tablet aus administrieren – etwa, um kurz einen Dienst zu prüfen oder eine Konfiguration anzupassen, ohne einen Laptop zur Hand zu haben.

Ich selbst arbeite auf allen mobilen Geräten mit der App Termius[4]. Sie ist übersichtlich aufgebaut, zuverlässig und in der kostenfreien Variante für meine Zwecke vollkommen ausreichend. Verbindungen lassen sich schnell anlegen, Hostnamen und IP-Adressen sauber verwalten, und auch mehrere Systeme bleiben gut im Blick. Besonders praktisch

3. https://putty.org/
4. https://termius.com/

finde ich, dass ich in Termius unkompliziert SSH-Schlüssel einrichten kann (siehe nächster Abschnitt).

Arbeiten mit SSH-Schlüsseln

SSH unterstützt zusätzlich zur Authentisierung mit einem Passwort auch das sogenannte Public-Key-Verfahren (asymmetrische Verschlüsselung). Dabei befindet sich der öffentliche Schlüssel (Dateiendung `.pub`) auf dem entfernten Rechner in der Datei `~/.ssh/authorized_keys`; der private Schlüssel liegt auf dem lokalen System im Verzeichnis `~/.ssh`.

Schlüsselpaar erstellen

Ein Schlüsselpaar erzeugen Sie mit dem Befehl `ssh-keygen`. Das Tool stellt außerdem sicher, dass das Verzeichnis `~/.ssh` und die dort liegenden Dateien die korrekten Zugriffsrechte haben. Das versteckte Verzeichnis `.ssh` sollte nur für den Eigentümer les-, schreib- und ausführbar sein (`drwx------`), und auch die enthaltenen Dateien haben teilweise eingeschränkte Rechte. So haben die öffentlichen SSH-Schlüssel mit der Dateiendung `.pub` zwar die Rechte `-rw-r--r--`, die dazugehörigen privaten Schlüssel aber nur `-rw-------`. Die Dateien `known_hosts` und `authorized_keys` sind nur für den Besitzer les- und schreibbar (`-rw-------`).

Sie rufen `ssh-keygen` unter macOS und Linux im Terminal bzw. in der Windows-PowerShell ohne weitere Optionen und Parameter auf und beantworten danach ein paar Fragen:

1. Wo soll das Schlüsselpaar liegen? (Geben Sie dazu den vollen Pfad an oder akzeptieren Sie die Standardeinstellung.)
2. Wie soll es heißen? (Ich hänge an die Voreinstellung `id_ed25519` immer gerne den Namen des Rechners an, also z. B. `id_ed25519_cloudpi`, wenn das Schlüsselpaar für den Rechner `cloudpi` gedacht ist.)

3. Soll es eine Passphrase für den Schlüssel geben? Falls ja, dann geben Sie die Passphrase zweimal ein; andernfalls drücken Sie `[Eingabe]`, um kein Passwort zu setzen.

Hinweis:
Eine leere Passphrase stellt immer ein potenzielles Risiko dar. Sie sollten auf die Passphrase nur in Ausnahmefällen verzichten, etwa für automatisierte Abläufe oder Skripte.

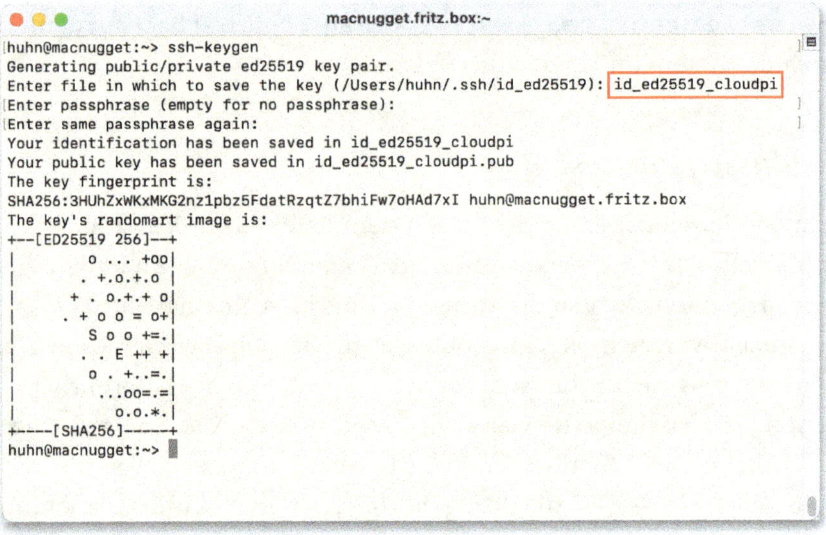

Das Tool „ssh-keygen" erzeugt ein neues SSH-Schlüsselpaar.

Anschließend finden Sie im Verzeichnis `~/.ssh` das neue Schlüsselpaar. Den öffentlichen Schlüssel mit der Dateiendung `.pub` hinterlegen Sie auf dem entfernten Rechner. Dazu können Sie `scp`, `rsync` oder das im nächsten Abschnitt vorgestellte Tool verwenden.

Öffentlichen SSH-Schlüssel hochladen

Das Skript `ssh-copy-id` überträgt einen öffentlichen SSH-Schlüssel zu entfernten Rechnern, hängt den Schlüssel an die Datei `~/.ssh/authorized_keys` an und kontrolliert gleichzeitig die Zugriffsrechte. Hinter dem Befehl `ssh-copy-id` steht der Parameter `-i`, gefolgt vom Namen des öffentlichen Schlüssels. Danach kommt der Benutzername, gefolgt vom Hostnamen oder der IP-Adresse des entfernen Rechners:

```
ssh-copy-id -i .ssh/id_ed25519_cloud-
pi.pub hej@cloudpi
```

Nachdem Sie das Passwort eingegeben haben, sollten Sie eine Meldung sehen, dass ein Schlüssel hinzugefügt wurde.

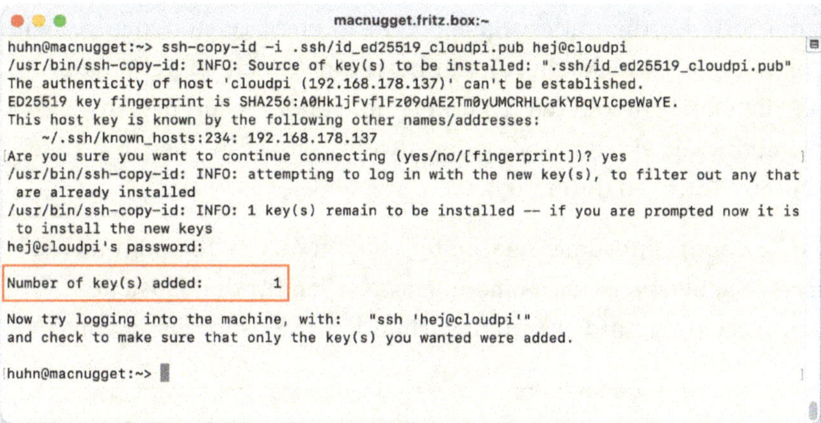

Der öffentliche SSH-Schlüssel liegt jetzt auf dem Raspberry Pi.

Tipp:
Falls Sie die Dateiendung `.pub` im Befehl vergessen haben, hängt `ssh-copy-id` diese automatisch an und verhindert das versehentliche Kopieren des privaten Schlüssels.

Alternativ können Sie den öffentlichen Schlüssel auch per `scp` oder `rsync` auf den anderen Rechner übertragen und ihn von Hand an die Datei `~/.ssh/authorized_keys` anhängen:

```
cat id_ed25519_cloudpi.pub >>
~/.ssh/authorized_keys
```

Wenn Sie das nächste Mal mit `ssh`, `scp` oder `rsync` Verbindung zum entfernten Rechner aufnehmen, dann werden Sie nicht mehr nach Ihrem Benutzerkennwort gefragt, sondern nach der Schlüssel-Passphrase, falls Sie eine gesetzt haben.

SSH-Konfigurationsdatei

In der SSH-Konfigurationsdatei `~/.ssh/config` stehen allgemeine Einstellungen und solche, die für bestimmte Rechner gelten. `ssh` liest die Datei von oben nach unten ein, daher stehen die Anweisungen für die einzelnen Zugänge (`Host <name>`) oben, die allgemeinen (`Host *`) unten.

Die Konfigurationsdatei bearbeiten Sie mit einem Texteditor. Hier tragen Sie beispielsweise einen Alias-Namen für den Host, den Benutzernamen und eventuell vorhandene SSH-Schlüssel ein:

```
Host cloudpi

HostName 192.168.178.137

User hej

IdentityFile ~/.ssh/id_ed25519_cloudpi
```

Anschließend können Sie sich über den Befehl `ssh cloudpi` auf dem entfernten Rechner mit der lokalen IP-Adresse 192.168.178.137 anmelden, ohne jedes Mal die IP eintippen zu müssen; der Benutzername dort lautet `hej`, und zur Authentisierung kommt der eben angelegte SSH-Schlüssel zum Einsatz.

Passwort ändern (empfohlen)

Beim Einrichten der SD-Karte haben Sie im Raspberry Pi Imager bereits einen Benutzernamen und ein Passwort festgelegt. Dieses Passwort gilt ab dem ersten Start des Systems und ist damit die Grundlage für alle Anmeldungen per SSH.

Auch wenn Sie später mit SSH-Schlüsseln arbeiten, bleibt dieses Passwort wichtig. Es wird zwar nicht mehr bei jeder Anmeldung abgefragt, kommt aber weiterhin an mehreren Stellen zum Einsatz:

- bei der ersten Einrichtung von SSH-Schlüsseln
- beim Arbeiten mit `sudo`, also bei administrativen Befehlen
- bei einer Anmeldung direkt am Gerät (falls doch einmal ein Bildschirm angeschlossen wird)

Ein eigenes, gut gewähltes Passwort sorgt hier für eine saubere und sichere Basis.

Zum Ändern des Passworts verwenden Sie den Befehl:

```
passwd
```

Nach dem Aufruf fragt das System zunächst nach dem aktuellen Passwort, anschließend geben Sie zweimal das neue Passwort ein. Während der Eingabe sehen Sie kein visuelles Feedback.

Hinweis:
SSH-Schlüssel ersetzen das Passwort nicht, sondern ergänzen es. Auch wenn Sie künftig überwiegend per SSH-Schlüssel arbeiten, empfiehlt es sich, das Passwort bewusst zu setzen und nicht zu vernachlässigen. Es bleibt Teil des Systems und gehört zur Grundabsicherung des Raspberry Pi.

SSH-Verbindung beenden

Wenn Sie Ihre Arbeit auf dem Raspberry Pi beendet haben, können Sie die SSH-Sitzung jederzeit sauber schließen. Dazu geben Sie einfach den folgenden Befehl ein:

```
exit
```

Alternativ funktioniert auch die Tastenkombination `[Strg] + [D]`. Die Verbindung wird daraufhin beendet, und Sie landen wieder auf der Kommandozeile Ihres eigenen Rechners. Der Raspberry Pi selbst läuft weiter – genau das ist der Vorteil eines Systems, das im Hintergrund arbeitet.

Das nächste Kapitel gibt eine kurze Einführung in das Arbeiten auf der Shell.

Kapitel 6

Arbeiten auf der Shell

Die Shell ist ein Kommandozeilen-Interpreter. Sie interpretiert, was Sie als Benutzer*in am Prompt eintippen, und gibt den Auftrag an das darunterliegende System weiter. Außerdem wertet sie Platzhalter und Variablen aus. Die Shell liefert in der Regel eine Rückmeldung: Fehlermeldungen und andere Ausgaben erscheinen direkt in der Konsole, sodass Sie sofort sehen, was passiert ist.

> **Tipp:**
> Eines der praktischsten Features überhaupt ist, dass Sie mehrere Shell-Befehle miteinander kombinieren können. Auf diese Weise reichen Sie die Ausgabe eines Befehls an ein anderes Kommando weiter oder speichern sie direkt in einer Datei.

Es gibt verschiedene Shells, auch unter Linux. Raspberry Pi OS richtet für Benutzer*innen die Bash (Bourne Again Shell) ein. Egal, welche Terminal-Anwendung Sie einsetzen: Im Hintergrund läuft die Bash und wartet darauf, Ihre Eingaben zu interpretieren.

Die meisten Kommandos können Sie über angehängte Parameter gezielt steuern. Bei einigen Befehlen gibt es zwei Schreibweisen: `-x` für kurze Optionen und `--xyz` für lange Optionen. Für eine vollständige Übersicht aller Parameter empfehle ich einen Blick in die Handbuchseite des entsprechenden Kommandos (siehe Kapitel „Erste Hilfe bei Problemen“).

Tipp:
Bei manchen Befehlen können Sie mehrere kurze Optionen kombinieren und beispielsweise `-x` und `-y` zu `-xy` zusammenfassen.

Der Prompt

Ihre Kommandos geben Sie am sogenannten Prompt ein, also an der Eingabeaufforderung. Der Shell-Prompt für den Benutzer `hej` auf dem Rechner `cloudpi` sieht beispielsweise so aus:

```
hej@cloudpi:~ $
```

Zuerst sehen Sie den Benutzernamen (`hej`), es folgt das `@`-Zeichen und der Name des Rechners (`cloudpi`). In der Regel zeigt der Prompt auch das aktuelle Arbeitsverzeichnis an; im letzten Listing ist das das Home-Verzeichnis (repräsentiert durch die Tilde ~).

Wenn Sie als Systemverwalter `root` arbeiten, sieht der Prompt meist anders aus. So erkennen Sie auf einen Blick, ob Sie mit normalen Benutzerrechten oder mit administrativen Rechten arbeiten:

```
root@cloudpi:~#
```

Wie der Shell-Prompt aussieht, können Sie selbst bestimmen. Sie müssen nicht bei den Voreinstellungen der Linux-Distribution bleiben. Viele Kommandozeilenfans färben die Eingabeaufforderung ein, blenden die Uhrzeit ein oder zeigen zusätzlich das aktuelle Arbeitsverzeichnis an.

Für das Aussehen der Eingabeaufforderung ist die Umgebungsvariable PS1 zuständig. Sie verändern diese mit dem Befehl export, den aktuellen Wert zeigen Sie mit echo an:

```
hej@cloudpi:~ $ export PS1='$ '
$ echo $PS1
$
```

Im ersten Kommando steht hinter dem Dollarzeichen ein Leerzeichen, daher ist der gesamte Ausdruck in einfache Anführungszeichen eingeschlossen.

Mit sogenannten Escape-Sequenzen können Sie den Prompt in Form bringen. So blenden Sie beispielsweise den Benutzernamen (\u) oder den Namen des Rechners (\h) an:

```
$ export PS1='\u@\h$ '
hej@cloudpi$
```

Praktisch ist auch das Einblenden der Uhrzeit, z. B. über \t (24-Stunden-Format) oder \T (12-Stunden-Format):

```
$ export PS1='[\t] \u@\h$ '
[16:39:57] hej@cloudpi$
```

Andere interessante Escape-Sequenzen für den Shell-Prompt sind beispielsweise \d (Datum im Kurzformat), \j (Anzahl der aktuell in der Shell laufenden Jobs), `\s` (Name der Shell) oder `\w` (voller Pfad des aktuellen Arbeitsverzeichnisses).

Umgebungsvariablen

Umgebungsvariablen erweitern den Funktionsumfang der Shell. Einige sind bereits vordefiniert, andere warten auf eigene Werte. Den aktuellen Wert einer Variable lesen Sie mit dem Kommando `echo` aus. Dahinter schreiben Sie den Namen der Variablen mit einem vorangestellten Dollarzeichen:

```
hej@cloudpi:~$ echo $SHELL
/bin/bash
```

Tipp:
Um eine vollständige Liste aller aktuell definierten Bash-Umgebungsvariablen auszulesen, geben Sie den Befehl env ein.

Um eine Variable neu zu setzen oder zu ändern, verwenden Sie den Befehl `export`:

```
export EDITOR='/bin/nano'
```

Diese Einstellung gilt nur für die aktuelle Shell-Sitzung. Soll sie dauerhaft bestehen bleiben, tragen Sie den Befehl in die Bash-Konfigurationsdatei `~/.bashrc` ein.

Tab-Completion und Bash-History

Das Arbeiten auf der Kommandozeile können Sie beschleunigen. Die Bash (und auch andere Shells) unterstützen die sogenannte Tab-Completion. Tippen Sie die ersten Buchstaben eines Kommandos und drücken Sie die Tabulatortaste. Sobald Ihre Eingabe eindeutig ist, vervollständigt die Bash den Befehl automatisch.

> **Tipp:**
> Unter Raspberry Pi OS funktioniert die Tab-Completion sogar für Parameter und Optionen.

Geben Sie beispielsweise `apt` ein, drücken Sie die Leertaste und anschließend zweimal die Tabulatortaste. Die Bash zeigt Ihnen dann die verfügbaren Unterbefehle des Paketverwaltungstools an.

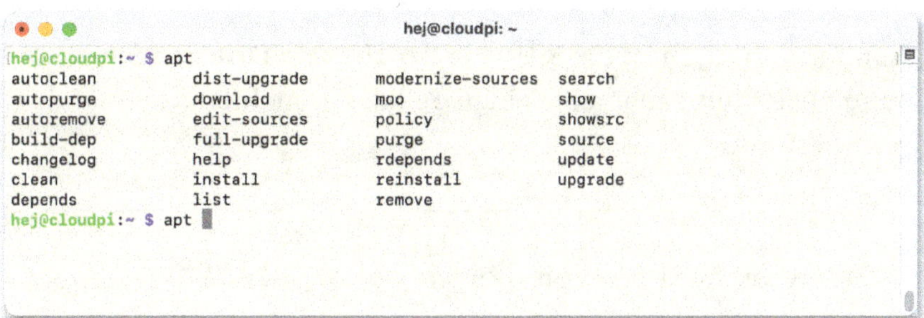

Die Tab-Completion funktioniert auch für Parameter und Optionen.

Ein weiteres hilfreiches Feature ist die History, also die Liste bereits eingegebener Befehle. Mit der Pfeiltaste nach oben blättern Sie zurück, mit der Pfeiltaste nach unten wieder vor. Die History wird über drei Umgebungsvariablen gesteuert:

- `HISTFILE`: Speicherort der History-Datei, meist `~/.bash_history`.
- `HISTFILESIZE`: maximale Anzahl gespeicherter Befehle in der Datei
- `HISTSIZE`: Anzahl der Befehle in der aktuellen Sitzung

```
hej@cloudpi:~$ echo $HISTSIZE
1000
```

Auf diesem System „merkt“ sich die Bash also 1.000 Kommandos. Sie können den Wert anpassen:

```
export HISTSIZE=3000
export HISTFILESIZE=3000
```

Für eine dauerhafte Änderung tragen Sie die Befehle in die Bash-Konfigurationsdatei `~/.bashrc` ein.

Besonders praktisch ist die Suche in der History: Drücken Sie `[Strg]+[R]`, und geben Sie einen Teil des gesuchten Kommandos ein.

```
(reverse-i-search)`ec': echo $HISTFILE
```

Mit erneutem `[Strg]+[R]` suchen Sie weiter rückwärts. Mit der Eingabetaste führen Sie das Kommando aus, mit `[Esc]` können Sie es vor dem Ausführen noch bearbeiten.

Wildcards und reguläre Ausdrücke

Viele der hier im Buch gezeigten Beispiele nutzen Wildcards oder reguläre Ausdrücke – auch Kombinationen sind möglich. Wildcards sind Platzhalter, also eine Art Joker, die anstelle anderer Zeichen stehen. Sie kommen zum Einsatz, um einzelne Zeichen oder ganze

Zeichenketten zu ersetzen. Die zwei am häufigsten eingesetzten Wildcards beim Arbeiten auf der Shell sind:

- `*`: das Sternchen meint kein Zeichen oder mehrere Zeichen, auch kein Zeichen; so steht `H*n` z. B. für „Huhn", „Hahn", „Hon" usw.
- `?`: das Fragezeichen steht für ein einzelnes beliebiges Zeichen; z. B. findet `H??n` die Wörter „Huhn", „Hahn" oder „Hohn", nicht aber „Huahn" oder „Hoahin"

Reguläre Ausdrücke (auch „regular expressions", „RegExp" oder „Regex") sind deutlich komplexere Suchmuster. Sie haben in der Regel zwei Bestandteile: eine Angabe für das Muster und eine Angabe, wie oft dieses Muster auftauchen darf.

Sie können reguläre Ausdrücke beispielsweise nutzen, um alle Wörter in einer Datei zu finden, die mit „H" beginnen und mit „n" aufhören – die Buchstaben dazwischen sind egal. Eine ausführliche Erklärung liefert die Manpage (`man 7 regex`).

Ausgaben von Kommandos umleiten

Die Eingabe und Ausgabe von Shell-Befehlen können Sie umleiten – das ist wirklich praktisch und macht die ganze Sache äußerst flexibel. Insgesamt gibt es für die Ein-/Ausgabe drei Kanäle:

- Standardeingabe (`stdin`), File Descriptor 0
- Standardausgabe (`stdout`), File Descriptor 1
- Standardfehlerausgabe (`stderr`), File Descriptor 2

Laufende Programme erwarten den Input von der Standardeingabe, z. B. über die Tastatur oder als Ausgabe eines anderen Programms, das über die Pipe (|) umgeleitet wurde. Sie können die Ausgabe der Programme in der Standardausgabe sehen, d. h. auf dem Bildschirm. Die Standardfehlerausgabe passiert normalerweise in der aktiven Konsole: Hier erscheinen alle Fehlermeldungen des Befehls und oft auch Tipps zur Lösung des Problems.

Mit einem sogenannten Umleitungs-Operator lenken Sie einen Kanal in eine neue Richtung. So ist es beispielsweise oft komfortabel, lange Befehlsausgaben nicht ins Terminal, sondern in eine Datei zu schreiben:

```
find / -name "*.deb" > paketliste
```

Wenn Sie >> anstelle von > verwenden, wird der Output an die Datei `paketliste` angehängt; existiert diese noch nicht, wird sie neu erzeugt.

Anstelle des Operators > könnten Sie hier auch `1>` schreiben, da Sie die Standardausgabe umlenken. Besonders praktisch, gerade in Zusammenhang mit `find`, ist das Umleiten der Fehlerausgabe nach `/dev/null`:

```
find / -name "*.deb" 2> /dev/null
```

Fehlermeldungen über Verzeichnisse, deren Inhalt Sie als normaler Benutzer nicht lesen dürfen, erscheinen so erst gar nicht im Terminal.

Shell-Befehle verbinden

Es gibt mehrere Möglichkeiten, Shell-Befehle miteinander zu verknüpfen. Um beispielsweise zwei Kommandos nacheinander abzuarbeiten, setzen Sie ein Semikolon dazwischen:

```
sleep 5; ls /etc
```

Verwenden Sie hingegen zweimal das &-Zeichen, so führt die Bash das zweite Kommando nur dann aus, wenn das erste erfolgreich gelaufen ist:

```
apt update && apt upgrade
```

Das Gegenteil der Und-Verknüpfung ist die Oder-Verknüpfung (||). In dem Fall führt die Bash den zweiten Befehl nur dann aus, wenn der erste gescheitert ist.

Nicht zu verwechseln ist die Oder-Verknüpfung mit dem einfachen Pipe-Zeichen |, das die Ausgabe eines Programms an ein anderes weiterleitet:

```
du -sh /home | sort -rn | less
```

Wie Sie sehen, können Sie mehrere Pipes verwenden: Erst läuft das `du`-Kommando, dessen Ausgabe sortiert `sort`, und dann zeigt der Pager `less` die Ausgabe seitenweise an.

Tastaturkürzel für die Bash

Mit Tastenkürzeln und -kombinationen können Sie besonders schnell auf der Shell arbeiten – das erspart jede Menge Tipparbeit:

- [Strg]+[A]: springt an den Anfang der Eingabe
- [Strg]+[E]: springt ans Ende der Eingabe
- [Esc]+[B]: geht ein Wort zurück
- [Esc]+[F]: geht ein Wort vor
- [Strg]+[B]: geht ein Zeichen zurück
- [Strg]+[F]: geht ein Zeichen vor
- [Strg]+[K]: löscht alles von der Cursor-Position aus bis ans Ende der Zeile
- [Strg]+[U]: löscht alles von der Cursor-Position aus bis zum Zeilenanfang
- [Strg]+[W]: löscht ein Wort (rückwärts)
- [Strg]+[T]: vertauscht die beiden Zeichen vor und unter dem Cursor
- [Esc]+[T]: vertauscht die beiden vorangegangenen Wörter
- [Strg]+[L]: löscht den Inhalt des Terminals (Kommando `clear`)

Welche Shell-Kommandos gibt es?

Eine alphabetisch sortierte Befehlsreferenz für Linux-Neulinge und Pinguin-Profis finden Sie unter anderem in meinem Buch „Linux-Befehle von A bis Z – Spaß auf der Kommandozeile“[1], das ich 2022 herausgegeben habe. Das Taschenbuch zeigt, wie viel Spaß das Arbeiten auf der Shell macht.

1. https://yuki-likes-snow.de/

„Linux-Befehle von A bis Z – Spaß auf der Kommandozeile". Ein Nachschlagewerk rund um die Arbeit auf der Linux-Shell.

Kapitel 7
Docker installieren

Sie installieren OpenCloud nicht direkt auf dem Raspberry Pi, sondern betreiben die Software in sogenannten Containern. Docker-Container kapseln Anwendungen so, dass sie unabhängig vom restlichen System laufen und sich sauber aktualisieren oder austauschen lassen. Damit das funktioniert, benötigen Sie Docker als Laufzeitumgebung sowie Docker Compose zur Steuerung mehrerer Container.

Beide Werkzeuge richten Sie nun Schritt für Schritt ein. Vorkenntnisse sind dafür nicht erforderlich – die folgenden Abschnitte erklären jeden Schritt in Ruhe.

Als Administrator arbeiten („sudo“)

In den folgenden Abschnitten taucht immer wieder der Befehl `sudo` auf. `sudo` steht für „superuser do“ und bedeutet, dass ein Befehl mit administrativen Rechten ausgeführt wird. Solche Rechte sind nötig, wenn Sie Software installieren, Systemeinstellungen ändern oder Dienste starten und stoppen.

Unter Raspberry Pi OS ist das bereits vorbereitet: Der erste Benutzer, den Sie bei der Einrichtung des Betriebssystems anlegen, darf automatisch `sudo` verwenden und damit als `root` arbeiten. Sie müssen dafür kein zusätzliches Passwort einrichten und nichts freischalten. Beim Ausführen eines `sudo`-Befehls werden Sie lediglich nach Ihrem eigenen Benutzerpasswort gefragt.

Tipp:
Wenn Sie also in diesem Buch einen Befehl mit `sudo` sehen, ist das ganz normal und kein Hinweis auf ein Problem oder eine besondere Konfiguration.

Betriebssystem aktualisieren

Zunächst bringen Sie das Betriebssystem Raspberry Pi OS auf einen aktuellen Stand. Das ist vor jeder größeren Installation sinnvoll, da so Konflikte mit veralteten Paketen vermieden werden:

```
sudo apt update && sudo apt upgrade -y
```

Mit dieser Befehlskombination aktualisiert das System zunächst seine Paketlisten (`apt update`) und installiert anschließend alle verfügbaren Updates automatisch und ohne nachzufragen (`apt upgrade -y`).

Je nach Zustand Ihres Raspberry Pi und nach Geschwindigkeit Ihrer Internetverbindung kann dieser Vorgang einige Minuten dauern. `apt` blendet während der Arbeit eine Fortschrittsanzeige ein. Am Ende sehen Sie wieder den Shell-Prompt.

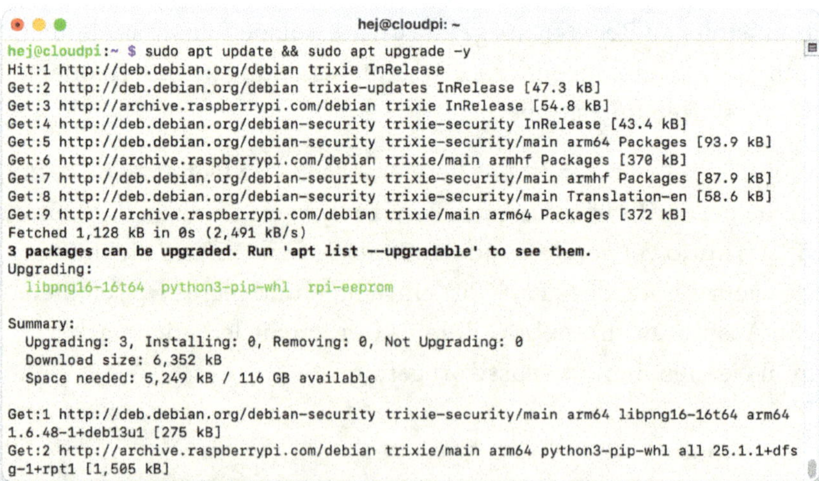

Bringen Sie das Betriebssystem auf den neuesten Stand.

Docker-Installationsskript herunterladen

Im nächsten Schritt laden Sie das offizielle Installationsskript von Docker herunter:

```
curl -fsSL https://get.docker.com
-o get-docker.sh
```

Das Kommando lädt eine Skriptdatei aus dem Internet und speichert sie lokal im aktuellen Verzeichnis. Dieses Skript stammt direkt von Docker und ist dafür vorgesehen, Docker auf unterschiedlichen Systemen zuverlässig zu installieren. Es erkennt automatisch, dass Sie auf einem Raspberry Pi mit ARM-Architektur arbeiten, und wählt die passenden Pakete aus.

Docker-Installationsskript ausführen

Anschließend führen Sie das Skript aus:

```
sh get-docker.sh
```

Während der Ausführung prüft das Skript unter anderem die Systemarchitektur, den Kernel und die vorhandene Systemumgebung. Danach bindet es das offizielle Docker-Repository als Paketquelle ein (Datei `/etc/apt/sources.list.d/docker.list`), installiert die aktuelle stabile Docker-Version und startet den Docker-Dienst. Am Ende erscheint eine längere Textausgabe mit Hinweisen zu erweiterten Sicherheitsoptionen.

Benutzer zur Docker-Gruppe hinzufügen

Damit Sie Docker später bequem ohne `sudo` verwenden können, fügen Sie Ihren Benutzer der Docker-Gruppe hinzu:

```
sudo usermod -aG docker ${USER}
```

Die Änderung wird erst wirksam, wenn Sie sich neu anmelden. Das Kommando `groups` zeigt, zu welchen Gruppen Ihr Account gehört:

```
$ groups
hej adm dialout cdrom sudo … docker gpio
```

Docker-Installation überprüfen

Dass die Installation geklappt hat, zeigt `docker version`.

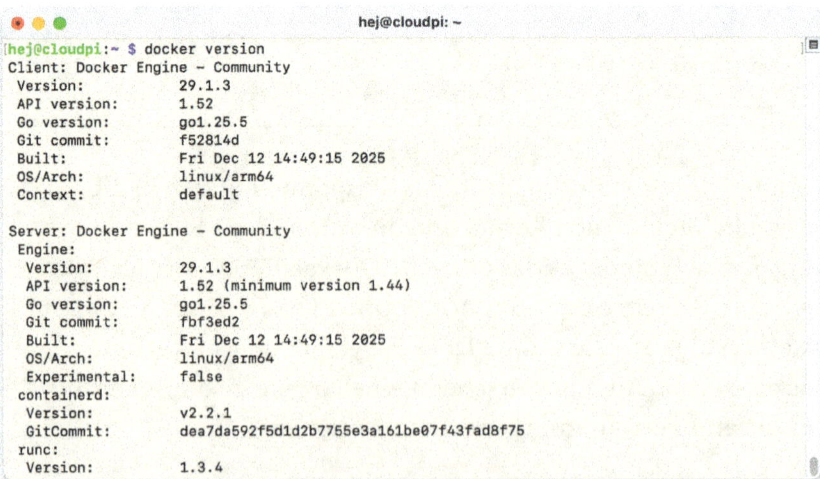

Die Docker-Installation hat geklappt.

Erscheint eine Ausgabe mit Angaben zum Client und Server, ist Docker erfolgreich installiert.

Docker Compose verwenden

Für den Betrieb von OpenCloud reicht Docker allein noch nicht aus. OpenCloud besteht aus mehreren Diensten, die gemeinsam gestartet und koordiniert werden müssen. Genau dafür verwenden Sie Docker Compose.

> **Hinweis:**
> Bei aktuellen Docker-Versionen ist Docker Compose bereits Bestandteil der Installation. Es wird als Plugin mitgeliefert und direkt über den Docker-Befehl aufgerufen. Eine separate Installation ist daher nicht erforderlich.

Sie können überprüfen, ob Docker Compose verfügbar ist, indem Sie folgenden Befehl ausführen:

```
$ docker compose version
Docker Compose version v5.0.0
```

Im Unterschied zu älteren Anleitungen wird Docker Compose heute ohne Bindestrich aufgerufen. Statt `docker-compose` verwenden Sie also `docker compose`. Beide Varianten erfüllen denselben Zweck, jedoch ist die Plugin-Variante der aktuelle, empfohlene Weg.

Damit sind alle notwendigen Werkzeuge installiert. Ihr Raspberry Pi ist nun bereit, die OpenCloud-Konfiguration zu laden und die Container zu starten. Im nächsten Kapitel geht es genau darum.

Kapitel 8
OpenCloud vorbereiten

In diesem Kapitel bereiten Sie die Installation von OpenCloud vor. Sie legen die grundlegende Verzeichnisstruktur an, laden die benötigten Konfigurationsdateien herunter und verschaffen sich einen ersten Überblick über den Aufbau der OpenCloud-Umgebung.

OpenCloud wird in diesem Kapitel noch nicht gestartet. Ziel ist es, Orientierung zu schaffen und zu verstehen, welche Dateien und Konfigurationen später zum Einsatz kommen. Sie lernen, wo sich die relevanten Bestandteile befinden und wie sie zusammenhängen, ohne bereits Dienste zu starten oder Einstellungen zu verändern.

> **Hinweis:**
> Nach diesem Kapitel wissen Sie, wie OpenCloud strukturiert ist und welche Rolle die Konfigurationsdateien spielen. Der eigentliche Betrieb von OpenCloud beginnt danach.

Arbeitsverzeichnis für OpenCloud anlegen

Bevor Sie mit der Installation beginnen, ist es sinnvoll, einen Ablageort für OpenCloud zu schaffen. So behalten Sie später leichter den Überblick und vermeiden, dass Konfigurationsdateien oder Daten unkontrolliert im System verteilt sind.

Unter Linux ist das Verzeichnis `/opt` für zusätzliche Software vorgesehen, die nicht Teil des Basissystems ist. Dort liegende Programme lassen sich klar vom restlichen System trennen und einfacher warten bzw. entfernen. Legen Sie das Arbeitsverzeichnis für OpenCloud an:

```
sudo mkdir -p /opt/opencloud
```

Anschließend sorgen Sie dafür, dass Ihr Benutzeraccount Zugriff auf dieses Verzeichnis hat. Dadurch können Sie später Konfigurationsdateien bearbeiten und Docker-Befehle ausführen, ohne ständig mit administrativen Rechten arbeiten zu müssen:

```
sudo chown hej:hej /opt/opencloud
```

Ersetzen Sie `hej` durch den Namen Ihres eigenen Benutzerkontos. Wechseln Sie anschließend in das neue Arbeitsverzeichnis:

```
cd /opt/opencloud
```

> **Hinweis:**
> Der Pfad `/opt/opencloud` ist eine Empfehlung und kein Muss. Wenn Sie bereits eine eigene Verzeichnisstruktur oder bestimmte Vorgaben für Datenablagen haben, können Sie OpenCloud auch an einem anderen Ort installieren.

OpenCloud-Dateien herunterladen

Für den Betrieb von OpenCloud benötigen Sie Dateien aus zwei verschiedenen Git-Repositorys. Diese Trennung ist bewusst gewählt: Die Entwickler pflegen den eigentlichen OpenCloud-Servercode getrennt von den Docker-Compose-Dateien, die für den Betrieb mit Containern zuständig sind.

Ein Git-Repository ist ein zentraler Speicherort für Quellcode und Konfigurationsdateien, der Versionierung ermöglicht. Änderungen lassen sich damit nachvollziehen, und Sie können jederzeit aktuelle Versionen erneut herunterladen.

Docker-Compose-Setups für OpenCloud

Die Docker-Compose-Dateien, mit denen OpenCloud gestartet und betrieben wird, befinden sich im Repository `opencloud-compose` auf GitHub[1]. Es enthält vorbereitete Setups für verschiedene Einsatzszenarien und ist die Grundlage für den Betrieb von OpenCloud mit Docker und Docker Compose.

Stellen Sie sicher, dass Sie sich weiterhin im zuvor angelegten Arbeitsverzeichnis `/opt/opencloud` befinden. Klonen Sie das Repository mit dem Kommando:

```
git clone https://github.com/opencloud-
eu/opencloud-compose.git
```

Dabei wird eine lokale Kopie des Repositorys angelegt. Je nach Umfang und Geschwindigkeit der Internetverbindung kann der Download einige Zeit in Anspruch nehmen. Nach dem erfolgreichen Klonen befindet sich im Verzeichnis `/opt/opencloud` ein neues Unterverzeichnis mit dem Namen `opencloud-compose`. Darin liegen die Docker-Compose-Dateien, die Sie in den folgenden Kapiteln verwenden, um OpenCloud zu konfigurieren und zu starten.

OpenCloud-Quellcode und Projektdateien

Zusätzlich stellt das OpenCloud-Projekt ein weiteres Repository[2] bereit, das den eigentlichen OpenCloud-Servercode enthält. Dieses Repository wird ebenfalls auf GitHub gepflegt und dient als Grundlage für Entwicklung, Tests und den Bau der OpenCloud-Dienste.

1. https://github.com/opencloud-eu/opencloud-compose.git
2. https://github.com/opencloud-eu/opencloud.git

Klonen Sie nun das offizielle OpenCloud-Repository mit dem Befehl:

```
git clone https://github.com/opencloud-
eu/opencloud.git
```

Je nach aktueller Version und Umfang der enthaltenen Komponenten kann der Download einige Zeit in Anspruch nehmen und mehrere hundert Megabyte umfassen.

Nach dem Klonen befindet sich im Verzeichnis `/opt/opencloud` ein weiteres Unterverzeichnis mit dem Namen `opencloud`. Darin finden Sie unter anderem den Quellcode, interne Bibliotheken, Build-Werkzeuge sowie projektbezogene Dokumentation.

Für den Betrieb von OpenCloud mit Docker müssen Sie diesen Code nicht verändern. In diesem Buch wird das Repository lediglich zur Vollständigkeit und zum besseren Verständnis der Projektstruktur berücksichtigt. Alle praktischen Schritte zur Einrichtung und zum Start von OpenCloud erfolgen über das zuvor geklonte Compose-Repository.

Das „opencloud-compose"-Repository

Nach dem Klonen des Repositorys `opencloud-compose` befinden Sie sich nun im zentralen Arbeitsverzeichnis für die folgenden Kapitel. Alle weiteren Schritte zur Einrichtung, Konfiguration und zum Start von OpenCloud finden ab jetzt hier statt. Der Ordner enthält keine Programmquellen, sondern ausschließlich Konfigurationsdateien und Verzeichnisstrukturen für den Betrieb von OpenCloud mit Docker Compose.

Beim ersten Blick in das Verzeichnis fällt auf, dass es aus mehreren Unterordnern besteht, die jeweils klar abgegrenzte Aufgaben haben. Diese Struktur ist bewusst gewählt: OpenCloud wird nicht als monolithischer Block gestartet, sondern setzt sich aus mehreren Diensten zusammen, die modular kombiniert werden können. Welche Dienste aktiv sind, steuert Docker Compose später automatisch anhand der Konfiguration.

Sie müssen die einzelnen Ordner an dieser Stelle noch nicht im Detail verstehen. Wichtig ist zunächst nur, ein Gefühl dafür zu bekommen, wie das Repository aufgebaut ist und dass es eine klare Trennung zwischen Kernfunktionen, optionalen Erweiterungen und Infrastruktur-Komponenten gibt.

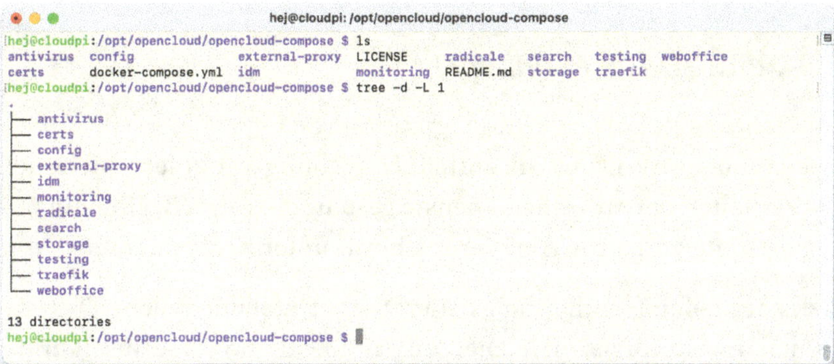

Übersicht über das „opencloud-compose"-Repository

Zentrale Konfigurationsdateien verstehen

Zeit für einen kurzen Blick auf die zentralen Konfigurationsmechanismen, die den späteren Betrieb steuern. Dieser Abschnitt erklärt, welche Dateien eine Rolle spielen und wie sie zusammenwirken.

Die Datei „docker-compose.yml"

Die Datei `docker-compose.yml` ist der Einstiegspunkt für Docker Compose. Sie legt fest, welche Container grundsätzlich zu einer OpenCloud-Installation gehören und wie sie gemeinsam gestartet werden. Wenn Sie später den Befehl `docker compose up` ausführen, ist diese Datei der Ausgangspunkt für alle weiteren Schritte. Die

Datei enthält dabei nicht zwangsläufig alle Details selbst. Stattdessen ist sie so aufgebaut, dass weitere Konfigurationsdateien eingebunden werden können. Auf diese Weise bleibt das Setup übersichtlich und modular: Sie ergänzen einzelne Dienste oder lassen sie weg, ohne die zentrale Datei komplett umbauen zu müssen.

> **Hinweis:**
> Sie bearbeiten `docker-compose.yml` nicht direkt. Anpassungen erfolgen später über zentrale Konfigurationswerte, die Docker Compose beim Start einliest.

Die „.env"-Datei (Konzept)

Eine zentrale Rolle bei der Konfiguration von OpenCloud spielt die sogenannte `.env`-Datei. Sie enthält Umgebungsvariablen, mit denen das Verhalten der einzelnen Dienste gesteuert wird, z. B. Domains, Zugangsdaten oder die Aktivierung bestimmter Komponenten.

In der aktuellen Installation existiert diese Datei noch nicht. Das ist normal und so vorgesehen. Die `.env` ist installationsspezifisch und wird erst später aus einer Vorlagendatei erstellt. Docker Compose liest sie beim Start automatisch ein, sofern sie sich im selben Verzeichnis wie die `docker-compose.yml` befindet.

Über die `.env`-Datei steuern Sie unter anderem folgende Aspekte:

- Hostname, unter dem OpenCloud erreichbar ist
- Standard-Zugangsdaten
- optionale, aktivierte Dienste

> **Hinweis:**
> Die Erstellung und Anpassung der `.env` erfolgt bewusst erst im nächsten Kapitel. Dort erfahren Sie auch, was passiert, wenn Sie die Standardwerte unverändert lassen und warum diese für erste Tests völlig ausreichen.

Die Rolle von Traefik

Spätestens beim ersten Start von OpenCloud taucht ein Name immer wieder auf: Traefik[3]. Das ist ein sogenannter Reverse Proxy. Vereinfacht gesagt ist das eine zentrale Eingangsstelle für alle Anfragen, die von außen an das System gestellt werden. Ihr Browser verbindet sich also nicht direkt mit dem OpenCloud-Dienst, sondern immer zuerst mit Traefik. Traefik entscheidet anschließend anhand festgelegter Regeln, an welchen internen Dienst eine Anfrage weitergeleitet wird.

Diese Architektur hat einen großen Vorteil: Statt mehrere Dienste jeweils über eigene Ports erreichbar zu machen, können alle Komponenten über sprechende Hostnamen angesprochen werden. Anstelle von Adressen wie `http://<IP-Adresse>:9200` oder `:9980` arbeiten Sie später mit Namen wie `cloud.opencloud.test` oder `collabora.opencloud.test`. Das ist übersichtlicher, leichter zu merken und technisch deutlich flexibler.

In OpenCloud ist Traefik kein optionales Zusatzwerkzeug, sondern fester Bestandteil der Architektur. Viele Funktionen setzen voraus, dass eingehende Anfragen zentral verarbeitet werden, z. B. Weiterleitungen, Zugriffskontrollen oder später auch die automatische Verwaltung von HTTPS-Zertifikaten. Deshalb ist Traefik in den mitgelieferten Docker-Compose-Setups von Anfang an enthalten.

Auch wenn Sie OpenCloud zunächst nur lokal im Heimnetz testen, ist dieser Ansatz sinnvoll. Die Struktur bleibt dadurch identisch zu einer späteren produktiven Installation. Wenn Sie sich zu einem späteren Zeitpunkt entscheiden, OpenCloud über eine öffentliche Domain oder einen DynDNS-Dienst erreichbar zu machen, muss die grundlegende Architektur nicht geändert werden. Traefik ist bereits vorbereitet.

---

3. https://traefik.io/traefik

Warum Traefik auch im Heimnetz sinnvoll ist

Auf den ersten Blick wirkt ein Reverse Proxy für eine lokale Testinstallation vielleicht überdimensioniert. Tatsächlich vereinfacht Traefik den Betrieb jedoch erheblich:

- Alle Dienste haben einen gemeinsamen Einstiegspunkt.
- Die Zuordnung erfolgt über Hostnamen statt über Portnummern.
- Neue Dienste lassen sich automatisch einbinden, ohne manuelle Proxy-Regeln.
- Die spätere Umstellung auf HTTPS oder eine öffentliche Erreichbarkeit ist ohne Umbau möglich.

Die einzelnen Compose-Module im Überblick

Im `opencloud-compose`-Repository werden die einzelnen Dienste nicht in einer einzigen großen Konfigurationsdatei beschrieben, sondern auf mehrere sogenannte Compose-Module verteilt. Jedes dieser Module kümmert sich um einen klar abgegrenzten Aufgabenbereich. Diese Aufteilung ist bewusst gewählt und soll die Konfiguration übersichtlich und erweiterbar halten.

Statt alle Dienste fest miteinander zu verdrahten, setzt OpenCloud auf ein modulares Prinzip: Der eigentliche OpenCloud-Dienst, der Reverse Proxy, Identitätsdienste oder optionale Erweiterungen wie Web-Office oder Kalender werden jeweils in eigenen Dateien oder Verzeichnissen beschrieben. Docker Compose setzt diese Bausteine beim Start zu einem Gesamtsystem zusammen.

Für Sie als Leser*in ist an dieser Stelle vor allem wichtig zu wissen, dass diese Module existieren und welche Rolle sie grundsätzlich spielen. Sie müssen die einzelnen Dateien noch nicht öffnen oder verstehen. Viele der Einstellungen werden später zentral gesteuert oder bleiben für eine Standardinstallation unverändert.

Einige Module bilden den Kern der Installation, etwa der Open-Cloud-Dienst selbst oder der Reverse Proxy Traefik. Andere Module sind optional und ergänzen die Grundfunktionalität um zusätzliche Dienste, z. B. Web-Office, Kalender und Kontakte, Suche oder Monitoring. Je nach Einsatzszenario können diese Komponenten aktiviert oder deaktiviert werden, ohne das gesamte Setup neu aufzubauen.

Diese modulare Struktur hat zwei große Vorteile: Zum einen bleibt die Konfiguration auch bei vielen Diensten überschaubar. Zum anderen können Sie OpenCloud Schritt für Schritt erweitern. Genau diesen Weg folgt auch dieses Buch: Zunächst wird ein funktionsfähiges Basissystem eingerichtet, anschließend kommen weitere Dienste gezielt hinzu.

Kapitel 9
OpenCloud starten

In diesem Kapitel starten Sie OpenCloud zum ersten Mal. Ziel ist es, OpenCloud mit einer minimalen Testkonfiguration zum Laufen zu bringen und ein Gefühl für das System zu bekommen. Dabei verzichten wir bewusst auf weitergehende Themen wie DynDNS, öffentliche Domains oder eine gehärtete Sicherheitskonfiguration.

> 💡 **Tipp:**
> Das ist kein Umweg, sondern der empfohlene Einstieg und der einfachste und sicherste Weg für erste Tests.

Die Rolle der Datei „.env" beim Start

Beim Start von OpenCloud spielt die Datei `.env` eine zentrale Rolle. Sie enthält Umgebungsvariablen, die das Verhalten der einzelnen Dienste steuern, z. B. verwendete Domains, Zugangsdaten oder die Aktivierung optionaler Komponenten.

Docker Compose liest die Datei `.env` automatisch ein, sofern sie sich im selben Verzeichnis wie die Datei `docker-compose.yml` befindet. Sie muss nicht explizit referenziert werden. Existiert keine `.env`, greift Docker Compose auf die in den Compose-Dateien definierten Standardwerte zurück.

Für den ersten Start verwenden wir eine sehr einfache `.env`-Datei, die nur die unbedingt notwendigen Einstellungen enthält. Alle weiteren Optionen bleiben unverändert und greifen auf die mitgelieferten Standardwerte zurück.

Die Datei „.env“ vorbereiten

Wechseln Sie nach `/opt/opencloud/opencloud-compose` und kopieren Sie die mitgelieferte Beispielkonfiguration:

```
cd /opt/opencloud/opencloud-compose

cp .env.example .env
```

Minimale Konfiguration für den ersten Start

Öffnen Sie die neue Datei `.env` in einem Texteditor Ihrer Wahl. Für den ersten Start sind nur zwei Anpassungen erforderlich.

Compose-Dateien festlegen

Entfernen Sie das Rautezeichen vor der folgenden Zeile:

```
COMPOSE_FILE=docker-compose.yml:traefik/
opencloud.yml
```

Damit legen Sie fest, dass OpenCloud zusammen mit Traefik gestartet wird – genau das Setup, das wir für lokale Tests verwenden.

Admin-Passwort setzen

Blättern Sie bis zur Zeile `INITIAL_ADMIN_PASSWORD` und geben Sie hinter dem =-Zeichen ein Kennwort für den OpenCloud-Administrator ein:

```
INITIAL_ADMIN_PASSWORD=SicheresPasswort
```

Es wird nur beim ersten Start verwendet, um den Administrationszugang zu initialisieren. Ohne diese Angabe kann OpenCloud nicht korrekt starten. Speichern Sie die Datei und schließen Sie den Editor.

Arbeiten mit der Standardkonfiguration

Die in den Docker-Compose-Dateien hinterlegten Standardwerte sind so gewählt, dass OpenCloud mit einer minimalen Konfiguration gestartet werden kann. Beim ersten Start erzeugt der OpenCloud-Container automatisch eine Grundkonfiguration mit internen Schlüsseln und initialisiert die benötigten Dienste. Dieser Initialisierungsschritt ist einmalig und wird bei weiteren Starts übersprungen. Das Setup trifft dabei bewusst einige Annahmen, die den Einstieg erleichtern und für einen Testbetrieb sinnvoll sind.

Lokale Testdomain

OpenCloud wird unter einer lokalen Testdomain betrieben. In der Voreinstellung ist das `cloud.opencloud.test`. Entsprechendes gilt für weitere Dienste wie Collabora oder das Traefik-Dashboard. Diese Domains sind nicht öffentlich auflösbar und ausdrücklich für lokale Tests gedacht.

Routing via Traefik

Traefik ist aktiv und übernimmt das Routing, also die Zuordnung eingehender Anfragen zu den jeweiligen Diensten. Die Anfragen laufen über die Standardports 80 (HTTP) und 443 (HTTPS), auch wenn die verwendeten Domains nur lokal existieren. HTTPS ist dabei technisch vorgesehen, funktioniert aber ohne öffentliche Domain und gültige TLS/SSL-Zertifikate nur eingeschränkt.

Hinweis:
Hinweise oder Fehlermeldungen in diesem Zusammenhang sind normal und an dieser Stelle unkritisch.

Ohne optionale Dienste

In der Standardkonfiguration werden nur die für den Betrieb notwendigen Dienste gestartet. Optionale Komponenten wie die Suche mit Apache Tika, ein Virenscanner, Mailversand oder zusätzliche Web-Apps bleiben deaktiviert. Das System beschränkt sich bewusst auf ein überschaubares Basisset, um OpenCloud funktionsfähig bereitzustellen, ohne den Einstieg unnötig zu verkomplizieren.

Initiale Zugangsdaten

Auch bei den Zugangsdaten wird von einem Testbetrieb ausgegangen. Das beim Start gesetzte Administratorpasswort dient dazu, sich mit der Oberfläche vertraut zu machen und erste Funktionen auszuprobieren. Diese Zugangsdaten sind nicht für den produktiven Einsatz gedacht, reichen aber aus, um sich mit der Oberfläche vertraut zu machen und erste Funktionen auszuprobieren.

Tipp:
Dieses Verhalten ist kein Notbehelf, sondern ausdrücklich so vorgesehen von den Entwicklern.

OpenCloud starten

Jetzt ist alles vorbereitet: Docker und Docker Compose sind installiert, die benötigten Dateien liegen vor, und Sie wissen, welche Annahmen die Standardkonfiguration trifft. Damit können Sie OpenCloud zum ersten Mal starten. Stellen Sie sicher, dass Sie im Verzeichnis `/opt/opencloud/opencloud-compose` sind und starten Sie OpenCloud anschließend mit Docker Compose:

```
cd /opt/opencloud/opencloud-compose
docker compose up
```

Docker Compose lädt nun die benötigten Container-Images, richtet Netzwerke und Volumes ein und startet die einzelnen Dienste. Beim ersten Start kann dieser Vorgang einige Minuten dauern, da Images heruntergeladen und OpenCloud initialisiert wird.

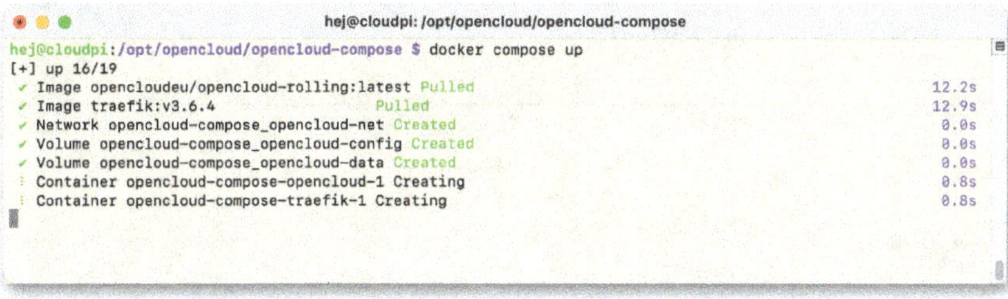

Erster Start von OpenCloud „docker compose"

Die Ausgaben erscheinen direkt im Terminal und zeigen, wie die einzelnen Dienste hochfahren. Sobald der Start abgeschlossen ist, läuft OpenCloud lokal auf Ihrem Raspberry Pi.

> ℹ️ **Hinweis:**
> Beim ersten Start kann im Terminal eine Fehlermeldung von Traefik erscheinen, die sich auf HTTPS-Zertifikate (ACME/Let's Encrypt) bezieht. Das ist in dieser Phase zu erwarten und unkritisch.

Da OpenCloud hier noch mit lokalen Testdomains wie `cloud.opencloud.test` arbeitet und keine öffentliche Domain konfiguriert ist, kann Traefik keine gültigen Zertifikate beziehen. Die Dienste selbst starten trotzdem korrekt und OpenCloud ist lokal nutzbar. Wie Sie HTTPS und gültige Zertifikate später sauber einrichten, behandeln wir in einem eigenen Kapitel.

Container-Status prüfen

Solange `docker compose up` läuft, ist das Terminal blockiert und zeigt fortlaufend Log-Ausgaben an. Möchten Sie den laufenden Prozess verlassen, ohne die Container zu stoppen, drücken Sie `[D]`. Docker Compose wechselt dann in den Hintergrundbetrieb („detached mode"), und Sie erhalten die Shell zurück.

Prüfen Sie anschließend, ob alle Container laufen:

```
docker compose ps
```

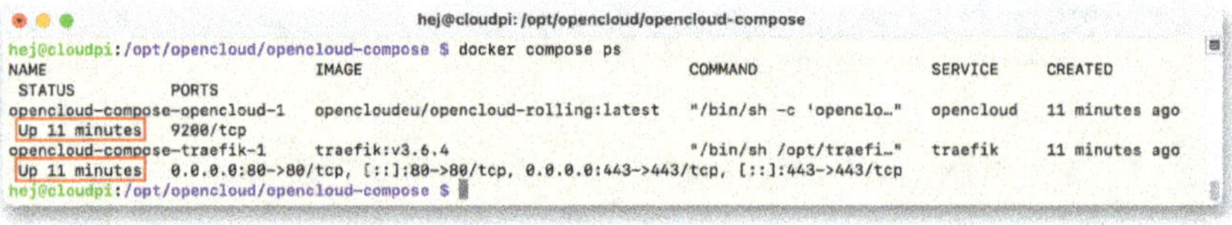

Laufende OpenCloud-Container nach dem ersten Start

Docker Compose listet alle zugehörigen Container auf. Entscheidend ist dabei die Spalte `STATUS`. Steht dort `Up` mit einer Zeitangabe, laufen die Container stabil. In einer funktionierenden Standardinstallation sehen Sie mindestens die Container `opencloud` und `traefik`, beide mit dem Status `Up`.

Testdomain lokal erreichbar machen

Bevor Sie OpenCloud im Browser aufrufen, muss Ihr eigener Rechner wissen, wohin die Testdomain `cloud.opencloud.test` zeigen soll. Da diese Domain nicht öffentlich existiert, kann sie weder über DNS noch über das Internet aufgelöst werden. Für lokale Tests lösen wir das bewusst einfach: über einen Eintrag in der sogenannten Hosts-Datei Ihres Rechners.

💡 **Tipp:**
Die Hosts-Datei erlaubt es, einem Namen manuell eine IP-Adresse zuzuordnen. Diese Zuordnung gilt nur auf Ihrem eigenen Rechner und ist ideal für lokale Testumgebungen.

Unabhängig vom Betriebssystem ist der Eintrag immer gleich. Er besteht aus der IP-Adresse Ihres Raspberry Pi und dem gewünschten Hostnamen:

```
192.168.178.137 cloud.opencloud.test
```

- **Windows:** Öffnen Sie das Startmenü, tippen Sie `Editor`. Klicken Sie mit der rechten Maustaste auf *Editor* und wählen *Als Administrator ausführen*. Öffnen Sie im Editor die Datei `C:\Windows\System32\drivers\etc\hosts`. (Eventuell müssen Sie die Anzeige aller Dateien aktivieren.) Fügen Sie die Zeile aus dem letzten Listing hinzu, speichern Sie die Änderungen und schließen den Editor.
- **Linux/macOS:** Öffnen Sie die Datei `/etc/hosts` in einem Texteditor Ihrer Wahl mit Administratorrechten, z. B. über `sudo nano /etc/hosts`. Fügen Sie die Zeile aus dem letzten Listing hinzu, speichern Sie die Änderungen und schließen den Editor.

Die Änderung wird in der Regel sofort wirksam. Ein Neustart ist nicht erforderlich.

OpenCloud dauerhaft starten

Bisher haben wir OpenCloud bewusst im Vordergrund gestartet, um den Startvorgang und mögliche Meldungen direkt im Terminal zu sehen. Für den dauerhaften Betrieb ist das jedoch unpraktisch: Sobald das Terminal geschlossen wird, endet auch der Prozess.

Für einen stabilen Betrieb gibt es zwei einfache Möglichkeiten, OpenCloud im Hintergrund laufen zu lassen.

Start im Hintergrund (Detached Mode)

Der einfachste Weg ist der Start im sogenannten Detached Mode. Dabei laufen alle Container im Hintergrund weiter, unabhängig vom geöffneten Terminal.

```
cd /opt/opencloud/opencloud-compose

docker compose up -d
```

Nach dem Start können Sie sich vom System abmelden oder das Terminal schließen. Die Container bleiben aktiv, solange der Docker-Dienst läuft.

Hinweis:
Diese Variante eignet sich gut für erste Tests und kleinere Installationen. Wenn Sie OpenCloud dauerhaft auf dem System betreiben, empfiehlt sich ein automatischer Start beim Booten.

Automatischer Start beim Systemstart

Wenn OpenCloud dauerhaft laufen soll, können Sie Docker Compose als Systemdienst einbinden und automatisch beim Booten starten. Linux (und damit auch Raspberry Pi OS) nutzt dafür systemd, den zentralen Dienstmanager für Start, Stopp und Überwachung von Systemprozessen. Über einen eigenen systemd-Dienst steuern Sie den kompletten OpenCloud-Stack mit einem Befehl.

Service-Datei anlegen

Erstellen Sie zunächst im Texteditor Ihrer Wahl eine neue Service-Datei namens `/etc/systemd/system/opencloud.service`:

```
[Unit]
Description=OpenCloud Docker Compose
After=network-online.target docker.
service
Wants=network-online.target
Requires=docker.service

[Service]
Type=oneshot
WorkingDirectory=/opt/opencloud/
opencloud-compose
ExecStart=/usr/bin/docker compose up -d
ExecStop=/usr/bin/docker compose down
RemainAfterExit=yes

[Install]
WantedBy=multi-user.target
```

Passen Sie den `WorkingDirectory`-Pfad an Ihre Installation an. In diesem Verzeichnis führt systemd später `docker compose up -d` aus und liest dabei die Compose-Dateien sowie die `.env`. Die Konfiguration stellt sicher, dass OpenCloud erst nach Netzwerk und Docker startet. Speichern Sie die Datei und schließen Sie den Editor.

Dienst aktivieren und starten

Aktualisieren Sie systemd und aktivieren Sie den Dienst:

```
sudo systemctl daemon-reexec
sudo systemctl daemon-reload
sudo systemctl enable opencloud
sudo systemctl start opencloud
```

Mit `enable` startet OpenCloud künftig automatisch beim Systemstart; `start` startet den Dienst sofort.

Status prüfen

Prüfen Sie anschließend den Zustand des Dienstes:

```
sudo systemctl status opencloud
```

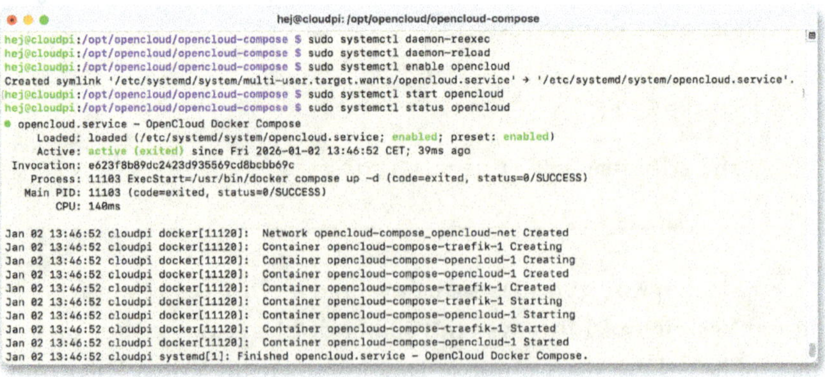

Der systemd-Dienst für OpenCloud ist aktiviert und gestartet.

OpenCloud erstmals im Browser aufrufen

Nachdem Sie die Testdomain auf Ihrem Rechner eingerichtet haben, können Sie OpenCloud nun gezielt über den vorgesehenen Hostnamen ansprechen. Öffnen Sie einen Browser Ihrer Wahl und rufen Sie folgende Adresse auf:

```
http://cloud.opencloud.test
```

Danach prüft Ihr Rechner, wohin `cloud.opencloud.test` zeigen soll. Durch den Eintrag in der Hosts-Datei weiß er jetzt: Diese Adresse gehört zu Ihrem Raspberry Pi und schickt die Anfrage dorthin. Auf dem Raspberry Pi nimmt Traefik die Anfrage entgegen und reicht sie an den OpenCloud-Server weiter.

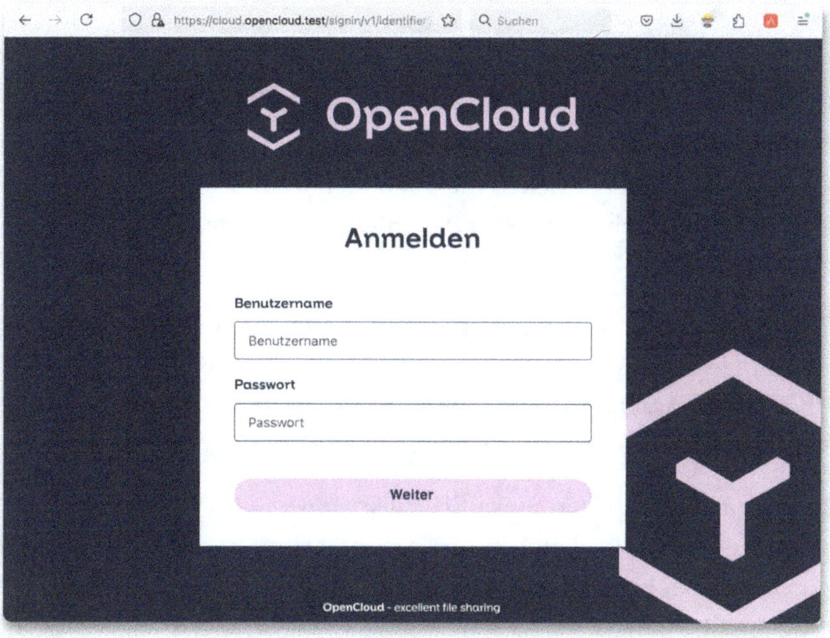

OpenCloud-Anmeldeseite im Webbrowser

OpenCloud starten

Wenn alles korrekt eingerichtet ist, erscheint nun die OpenCloud-Weboberfläche im Browser. Spätestens an diesem Punkt ist klar: Die Container laufen, das Routing funktioniert, und OpenCloud ist grundsätzlich einsatzbereit.

Beim ersten Aufruf zeigen Browser in der Regel eine Sicherheitswarnung an und verlangen eine Ausnahmebestätigung für das TLS/SSL-Zertifikat. Der Grund dafür ist, dass OpenCloud in dieser Testumgebung bereits über HTTPS angesprochen wird, jedoch noch kein gültiges Zertifikat verwendet. Stattdessen kommt ein selbst erzeugtes oder ungültiges Zertifikat zum Einsatz. Das ist normal und an diesem Zeitpunkt unkritisch. Bestätigen Sie die Sicherheitsabfrage im Browser, um fortzufahren. Die Verbindung ist weiterhin lokal, und es werden keine Daten über das Internet übertragen.

Sie können sich nun an der OpenCloud-Oberfläche anmelden. Verwenden Sie dafür den Benutzernamen `admin` und das Passwort, das Sie zuvor in der Datei `.env` gesetzt haben.

Passwort ändern und Sprache einstellen

Bevor Sie weiterarbeiten, lohnt sich ein kurzer Abstecher in die Kontoeinstellungen. Klicken Sie oben rechts auf das runde Profil-Icon mit dem Buchstaben *A* und wählen Sie *Preferences* (*Einstellungen*).

Klicken Sie in der linken Seitenleiste auf *Preferences* und wählen Sie aus dem Drop-down-Menü *Language* die bevorzugte Sprache für die Oberfläche aus. OpenCloud passt die Ansicht sofort an; ein Neuladen ist nicht erforderlich.

Direkt darunter klicken Sie auf *Passwort ändern* und vergeben ein neues Kennwort für den Admin-Account. Damit ist der Verwaltungszugang sauber eingerichtet – mehr ist an dieser Stelle nicht nötig.

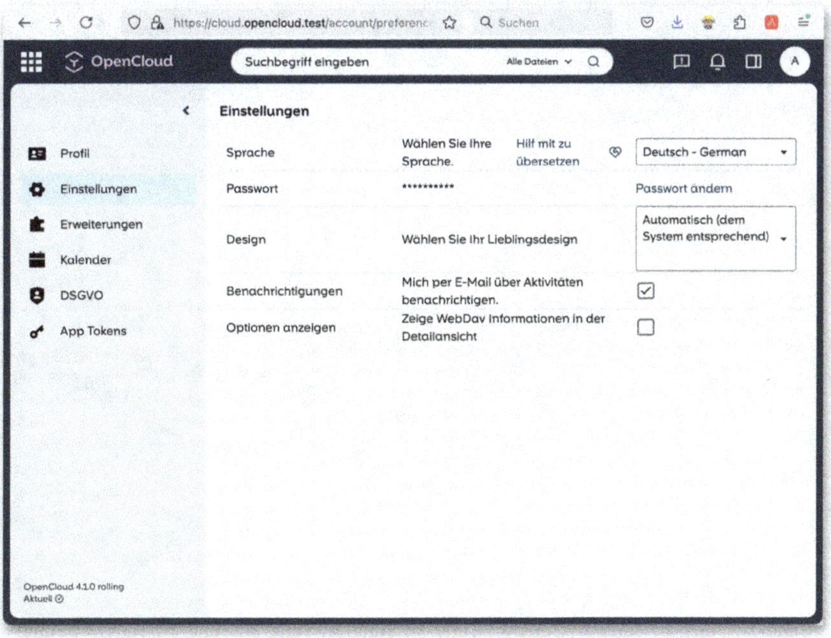

Admin-Konto: Einstellungen für Sprache und Passwort

Im nächsten Kapitel arbeiten Sie nicht mehr als Admin, sondern legen einen normalen Benutzeraccount an, um OpenCloud so zu erleben, wie es später im Alltag genutzt wird.

Kapitel 10
Erste Schritte in OpenCloud

OpenCloud stellt für die Einrichtung und Verwaltung ein Administratorkonto bereit. Dieses Konto ist notwendig, um grundlegende Einstellungen vorzunehmen, Benutzeraccounts anzulegen und das System zu steuern. Für die tägliche Arbeit ist es jedoch nicht gedacht.

Als Administrator sehen und dürfen Sie deutlich mehr als normale Benutzer*innen. Viele Funktionen verhalten sich anders, einige Einschränkungen greifen nicht. Das ist für die Verwaltung sinnvoll, vermittelt aber kein realistisches Bild davon, wie OpenCloud im Alltag genutzt wird.

Für die ersten Schritte wechseln wir deshalb bewusst die Perspektive. Ab diesem Kapitel arbeiten wir nicht mehr als Administrator, sondern mit einem normalen Benutzerkonto. So erleben Sie OpenCloud aus Sicht der späteren Anwender*innen: Dateien öffnen, Inhalte teilen und gemeinsam arbeiten – genau so, wie das System im täglichen Einsatz vorgesehen ist.

Benutzeraccount anlegen

Jetzt legen Sie einen eigenen Benutzeraccount an. Dieser Account begleitet Sie durch die folgenden Kapitel und entspricht dem Konto, das Sie später auch im Alltag verwenden. Melden Sie sich dafür einmalig als Administrator an. Öffnen Sie anschließend das Hauptmenü über die Kachel-Schaltfläche links oben und wählen Sie *Admin-Einstellungen* aus. In der linken Navigation wechseln Sie nun in den Bereich *Personen*. Dort sehen Sie die Übersicht aller vorhandenen Accounts. Klicken Sie auf das Pluszeichen, um einen neuen Benutzer anzulegen.

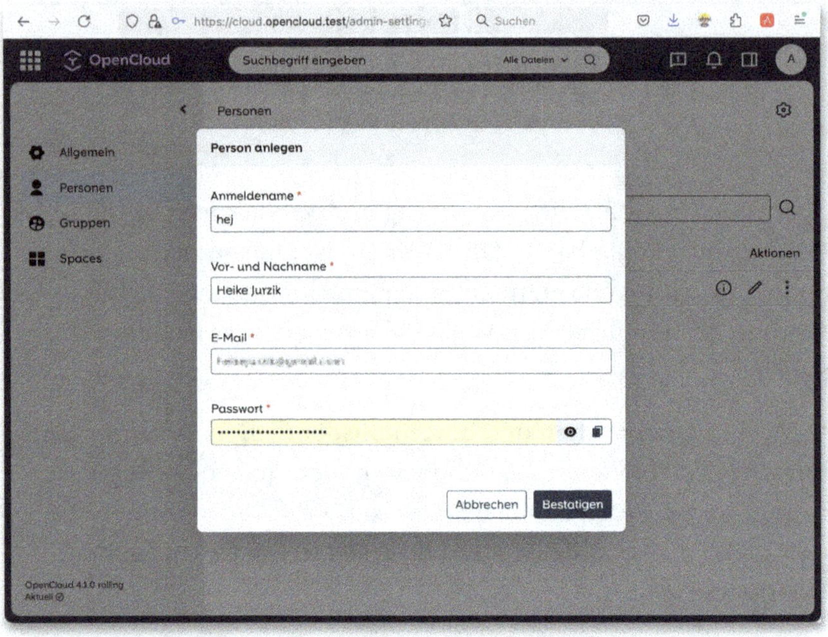

Account anlegen in den Admin-Einstellungen von OpenCloud

Es öffnet sich ein Dialog zur Benutzererstellung. Tragen Sie hier einen Anmeldenamen, Vor- und Nachnamen, eine E-Mail-Adresse sowie ein Passwort ein. Weitere Einstellungen sind an dieser Stelle nicht erforderlich. Klicken Sie auf *Bestätigen*, um den Account anzulegen. Der neue Benutzer erscheint anschließend in der Personenübersicht und kann sich ab sofort an OpenCloud anmelden.

Abmelden und als Benutzer anmelden

Melden Sie sich danach vom Administratorkonto ab und wechseln Sie zu dem neu angelegten Benutzeraccount. Ab diesem Punkt arbeiten Sie mit OpenCloud aus der normalen Nutzerperspektive weiter. Menüs, Funktionen und Ansichten sind auf die normale Nutzung ausgelegt; Verwaltungsoptionen treten in den Hintergrund oder sind gar nicht mehr sichtbar.

OpenCloud unterscheidet grundsätzlich zwischen Verwaltung und Nutzung. Administrator*innen kümmern sich um das System selbst: Benutzer anlegen, Einstellungen vornehmen, Dienste verwalten. Normale Nutzer*innen arbeiten mit Dateien, teilen Inhalte und arbeiten gemeinsam in Spaces. Beides sind klar getrennte Aufgabenbereiche.

Zwischen diesen beiden Ebenen gibt es eine weitere wichtige Rolle: die Verwaltung innerhalb eines Spaces. Wer einen Space verwaltet, organisiert Inhalte und Zugriffe innerhalb dieses einen Arbeitsbereichs – ohne gleich Administrator*in des gesamten Systems zu sein. Das ermöglicht Zusammenarbeit, ohne unnötige Sonderrechte zu vergeben.

Für den Moment reicht dieses Grundverständnis völlig aus. Wichtig ist nur: Sie arbeiten jetzt nicht mehr als Admin, sondern aus der Nutzerperspektive.

OpenCloud-Oberfläche

Nach der Anmeldung landen Sie direkt in der OpenCloud-Oberfläche. Sie besteht aus wenigen, klar abgegrenzten Bereichen, die sich schnell erschließen – auch ohne Vorkenntnisse.

> **Hinweis:**
> Ganz grundlegend folgt OpenCloud einem einfachen Modell: Dateien gehören entweder Ihnen – oder einem gemeinsamen Bereich. Alles Weitere baut darauf auf.

Persönlicher Bereich und gemeinsame Bereiche

Im persönlichen Bereich arbeiten Sie mit Ihren eigenen Dateien. Dieser Bereich gehört Ihnen allein: Was hier liegt, sieht zunächst niemand sonst.

Daneben gibt es Spaces. Das sind gemeinsame Arbeitsbereiche für Teams, Projekte oder Gruppen. Dateien in einem Space gehören nicht einer einzelnen Person, sondern dem jeweiligen Team. Wer Zugriff hat, arbeitet gemeinsam an denselben Inhalten.

Für den Alltag heißt das:

- Eigene Daten bleiben im persönlichen Bereich.
- Gemeinsame Arbeit findet in Spaces statt.

Navigation in der Oberfläche

Nach dem Login landen Sie in der Dateiansicht. Die Oberfläche ist klar gegliedert und folgt einem einfachen Prinzip: Bereich wählen, Inhalte sehen, Aktionen ausführen.

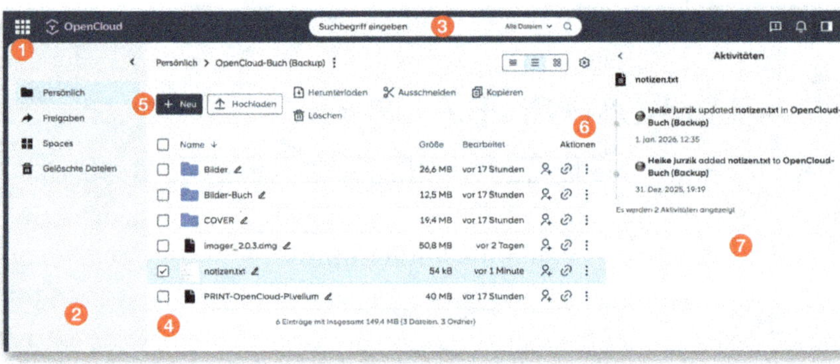

Navigation und Dateiansicht in OpenCloud

(1) App-Menü: Über das Kachel-Symbol links oben öffnen Sie das App-Menü. Von hier aus wechseln Sie zwischen den zentralen Bereichen von OpenCloud, etwa zu Dateien, zum Kalender, Texteditor usw. oder – mit Administrationsrechten – zu den Admin-Einstellungen. Für die tägliche Nutzung ist das der Einstiegspunkt ins System.

(2) Linke Seitenleiste: Die Seitenleiste zeigt, *wo* Sie sich gerade befinden. Hier wechseln Sie zwischen Ihrem persönlichen Bereich, Freigaben und Spaces. Außerdem erreichen Sie hier den Papierkorb mit gelöschten Dateien.

(3) Suchfeld: Oben in der Mitte befindet sich das Suchfeld. Damit finden Sie Dateien schnell wieder, ohne sich durch Ordnerstrukturen klicken zu müssen.

(4) Hauptbereich: Im mittleren Bereich sehen Sie den Inhalt des ausgewählten Ordners oder Bereichs. Hier arbeiten Sie mit Dateien und Ordnern: öffnen, auswählen, bearbeiten.

(5) Aktionsleiste: Direkt über der Dateiliste finden Sie die wichtigsten Aktionen: neue Ordner anlegen, Dateien/Ordner hochladen, Daten herunterladen, ausschneiden, kopieren oder löschen.

(6) Datei- und Ordneraktionen: Jede Datei und jeder Ordner bietet eigene Aktionen, etwa zum Teilen oder Kopieren von Links. Diese Aktionen beziehen sich immer auf das jeweilige Element und sind direkt dort erreichbar.

(7) Aktivitäten-Seitenleiste: Rechts sehen Sie die Aktivitäten. Hier zeigt OpenCloud, was zuletzt passiert ist: Änderungen, Uploads oder Bearbeitungen. Das hilft, den Überblick zu behalten – gerade dann, wenn mehrere Dinge gleichzeitig passieren.

Dateien hochladen und wiederfinden

Wechseln Sie in Ihren persönlichen Bereich und laden Sie eine Datei hoch. Das funktioniert entweder per Drag & Drop direkt in den Hauptbereich oder über den Button *Hochladen* in der Aktionsleiste. Nach dem Upload erscheint die Datei unmittelbar in der Dateiliste. Damit ist der grundlegende Arbeitsablauf etabliert: Dateien liegen nicht auf dem lokalen Rechner, sondern im persönlichen Bereich von OpenCloud.

Um die Datei wiederzufinden, nutzen Sie das Suchfeld im oberen Bereich der Oberfläche. Die Suche ist zentral ausgelegt und durchsucht die aktuell verfügbaren Inhalte. Bereits die Eingabe weniger Zeichen reicht aus, um passende Dateien anzuzeigen.

> **Hinweis:**
> Weitere Suchoptionen und Filter sind vorhanden, spielen an dieser Stelle aber noch keine Rolle. Für den Einstieg genügt es zu wissen, dass Dateien nicht nur über Ordnerstrukturen, sondern auch direkt über die Suche erreichbar sind.

Ein erster Eindruck

Nach diesen Schritten haben Sie die grundlegende Nutzung von OpenCloud kennengelernt: Anmeldung als normaler Benutzer, Navigation in der Oberfläche, Hochladen und Wiederfinden von Dateien. Ab jetzt betrachten wir OpenCloud nicht mehr als frisch gestartetes System, sondern als Arbeitsumgebung, die Sie Schritt für Schritt erweitern und anpassen können.

Kapitel 11
Benutzer, Gruppen und Rollen

In diesem Kapitel geht es um Benutzer und Rollen in OpenCloud. Sie lernen, wie Sie Accounts anlegen und verwalten und wie sich grundlegende Rollen einordnen lassen. Ziel ist es zu verstehen, wer in OpenCloud was darf und warum diese Trennung sinnvoll ist. Welche Konten braucht es? Wofür sind sie gedacht? Und wie wirkt sich das im täglichen Arbeiten mit OpenCloud aus?

Benutzerkonten anlegen

Sie verwalten Accounts über die Administrationsoberfläche. Als Administrator*in finden Sie dort alle vorhandenen Personen und können neue Konten anlegen, bestehende bearbeiten oder bei Bedarf auch deaktivieren.

Um ein Benutzerkonto anzulegen, wechseln Sie in die Admin-Einstellungen und öffnen den Bereich *Personen*. Über *Person anlegen* erstellen Sie einen neuen Account. Im sich öffnenden Dialog tragen Sie einen Anmeldenamen, den Vor- und Nachnamen, eine Mailadresse und ein Passwort ein. Abschließend klicken Sie auf *Bestätigen*.

Gruppen in OpenCloud

Gruppen dienen in OpenCloud dazu, mehrere Benutzerkonten zusammenzufassen und gemeinsam zu verwalten. Sie sind ein organisatorisches Hilfsmittel: Statt Rechte oder Einstellungen für jede Person einzeln zu vergeben, arbeiten Sie mit Gruppen. In OpenCloud sind Gruppen in erster Linie ein organisatorisches Hilfsmittel. Sie sagen nichts über einzelne Dateien aus und ersetzen keine Benutzerkonten. Eine Gruppe besteht immer aus einem oder mehreren bestehenden Accounts.

Benutzer, Gruppen und Rollen

In den Admin-Einstellungen sehen Sie eine Übersicht aller vorhandenen Gruppen. Dort können Sie erkennen, welche Gruppen existieren und welche Benutzer*innen ihnen zugeordnet sind. Hier können Sie auch Gruppen anlegen, umbenennen und verwalten. Sie entscheiden, welche Accounts Mitglied einer Gruppe sind und können diese Zuordnung jederzeit ändern.

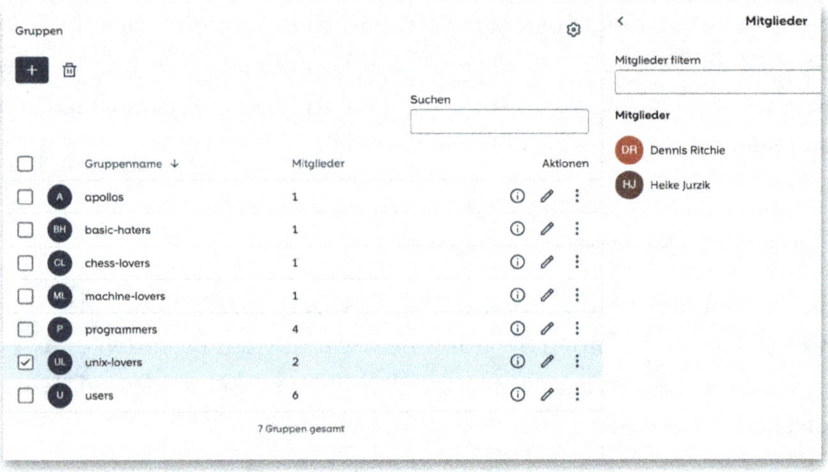

Gruppenverwaltung in den Admin-Einstellungen

Für den Einstieg müssen Gruppen noch keine ausgefeilte Struktur haben. Es reicht vollkommen, sie als lose Zusammenfassung von Accounts zu verstehen. Viele Installationen starten ganz ohne Gruppen und führen sie erst ein, wenn der Bedarf entsteht.

Der eigentliche Nutzen von Gruppen zeigt sich bei der Zusammenarbeit. Gruppen machen es einfacher, Inhalte gemeinsam zu nutzen oder mehreren Personen ähnliche Rechte einzuräumen, ohne jedes Mal von vorne beginnen zu müssen.

> 💡 **Tipp:**
> Gruppen sind kein Pflichtbestandteil, sondern ein Werkzeug. Sie helfen dabei, Ordnung zu schaffen, wenn OpenCloud nicht mehr nur von einer einzelnen Person genutzt wird.

Rollen in OpenCloud

OpenCloud unterscheidet zwischen mehreren Benutzerrollen, die festlegen, was ein Konto im System grundsätzlich darf. Die umfassendste Rolle ist der *Administrator*. Administrator*innen kümmern sich um den Betrieb und die Verwaltung von OpenCloud. Sie legen Benutzerkonten an, verwalten Gruppen, passen Systemeinstellungen an und behalten den Überblick über vorhandene Spaces. Auch Admins sehen nicht automatisch alle Inhalte. Auf Dateien und Ordner in Spaces haben sie nur Zugriff, wenn sie dort Mitglied sind.

Ergänzend dazu gibt es weitere Rollen, die sich auf einzelne Bereiche oder Spaces beschränken. Die Rolle *Space Manager/-in* ist auf die Zusammenarbeit in Spaces ausgerichtet. Space Manager*innen können neue Spaces anlegen, bestehende Spaces verwalten und innerhalb eines Spaces festlegen, wer mitarbeiten darf und welche Rolle dort gilt. Systemweite Aufgaben wie Benutzerverwaltung oder globale Einstellungen gehören nicht zu ihren Rechten.

Die Rolle *Person* ist die klassische Benutzerrolle für den Alltag. Personen verfügen über einen eigenen persönlichen Bereich, können Dateien hochladen, Ordner strukturieren und in Spaces mitarbeiten, zu denen sie eingeladen wurden. Diese Rolle ist für die meisten Nutzer*innen gedacht und bildet den Normalfall im täglichen Arbeiten mit OpenCloud.

Ergänzend gibt es die Rolle *User Light*. Diese Konten besitzen keinen eigenen persönlichen Speicherbereich. Sie arbeiten ausschließlich in Spaces, zu denen sie eingeladen wurden. User-Light-Konten eignen sich beispielsweise für externe Mitarbeitende oder Situationen, in denen kein eigener Dateibereich benötigt wird.

Admins weisen einem Benutzerkonto eine Rolle zu, indem sie in der Abteilung *Personen* einen Account markieren und in der rechten Seitenleiste *Person bearbeiten* anklicken. Das Drop-down-Menü *Rolle* listet alle in OpenCloud bekannten Rollen auf.

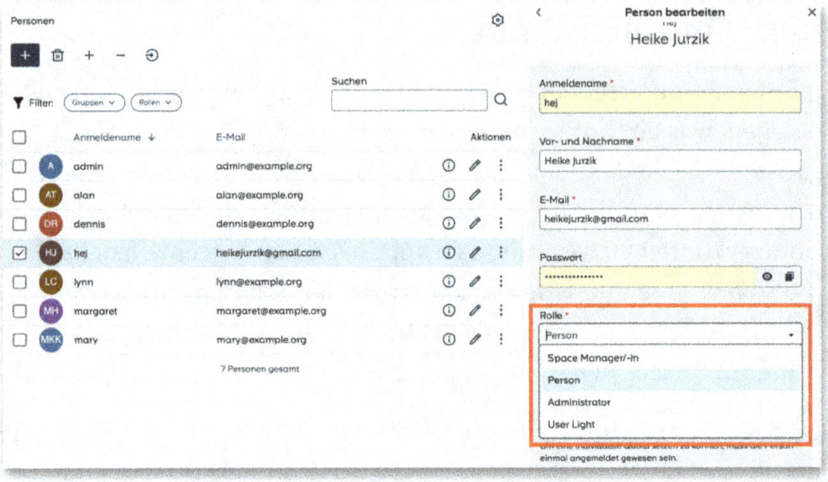

Auswahl der Benutzerrolle in den Admin-Einstellungen

Neben Benutzer- und Systemrollen gibt es in OpenCloud Rollen, die ausschließlich innerhalb von Spaces gelten. Diese spielen erst dann eine Rolle, wenn mehrere Personen gemeinsam arbeiten. Wie Spaces aufgebaut sind und wie Zusammenarbeit dort organisiert ist, zeigt das nächste Kapitel.

Kapitel 12
Zusammenarbeit mit Spaces

In diesem Kapitel lernen Sie die Spaces als zentrales Element für Zusammenarbeit in OpenCloud kennen. Sie erfahren, wofür Spaces gedacht sind, wie sie den gemeinsamen Arbeitsalltag strukturieren und warum OpenCloud bewusst zwischen persönlichen Dateien und gemeinsamen Arbeitsräumen unterscheidet.

Spaces organisieren Zusammenarbeit nicht über verstreute Freigaben oder einzelne Ordner, sondern über klar definierte Arbeitsräume. Dateien gehören dabei nicht mehr einer einzelnen Person, sondern dem jeweiligen Team oder Projekt. Das schafft Übersicht, klare Zuständigkeiten und vermeidet typische Probleme klassischer Dateifreigaben.

Persönlicher Bereich und gemeinsamer Raum

OpenCloud unterscheidet bewusst zwischen zwei Arten von Arbeitsbereichen: dem persönlichen Bereich und den Spaces. Diese Trennung ist zentral für das Verständnis der Zusammenarbeit.

- Im persönlichen Bereich gehören Dateien immer einer einzelnen Person. Hier legen Sie Inhalte ab, die Sie selbst verwalten, strukturieren und bei Bedarf freigeben. Der persönliche Bereich ist Ihr privater Arbeitsraum – vergleichbar mit dem eigenen Schreibtisch.
- Spaces funktionieren anders. Dateien in einem Space gehören nicht einer Person, sondern dem Team, dem Projekt oder der gemeinsamen Aufgabe. Wer Mitglied eines Spaces ist, arbeitet gleichberechtigt mit den dort abgelegten Inhalten. Der Space bleibt bestehen, auch wenn einzelne Personen hinzukommen oder wegfallen.

Diese Trennung ist bewusst so gewählt. Sie stellt sicher, dass gemeinsame Inhalte nicht an das Benutzerkonto einer einzelnen Person gebunden, sondern dauerhaft verfügbar und klar zugeordnet sind.

Ein häufiges Missverständnis ist die Annahme, ein Space sei einfach ein besonderer Ordner. Das ist er nicht. Ein Space ist ein eigener Arbeitsraum mit Mitgliedern, Rollen und gemeinsamen Inhalten. Ordner strukturieren Dateien innerhalb eines Bereichs – Spaces strukturieren Zusammenarbeit.

> 💡 **Tipp:**
> Kurz gesagt:
> Dateien gehören entweder Ihnen alleine oder dem Team.

Was ist ein Space?

Ein Space ist in OpenCloud ein klar abgegrenzter Arbeitsraum für ein Thema, ein Projekt oder ein Team. Technisch betrachtet bündelt ein Space mehrere Dinge, die zusammengehören: Inhalte, Mitglieder und Regeln.

Alle Dateien und Ordner, die in einem Space liegen, sind diesem Space fest zugeordnet. Sie gehören weder einem einzelnen Benutzerkonto noch einem persönlichen Bereich. OpenCloud behandelt den Space als eigenständige Einheit, unabhängig davon, wer gerade daran arbeitet.

Zu jedem Space gehört außerdem eine definierte Gruppe von Mitgliedern. Wer Zugriff auf einen Space hat, wurde explizit hinzugefügt. Innerhalb des Spaces gelten eigene Regeln dafür, wer Inhalte ansehen, bearbeiten oder verwalten darf. Diese Regeln wirken nur innerhalb dieses einen Spaces und haben keinen Einfluss auf andere Bereiche des Systems.

Spaces sind dabei nicht statisch. Sie können im Laufe der Zeit wachsen, neue Mitglieder aufnehmen, Inhalte verlieren oder an Bedeutung gewinnen. Ebenso können Spaces wieder gelöscht werden, wenn ein Projekt abgeschlossen ist oder ein gemeinsamer Arbeitsraum nicht mehr benötigt wird. Die darin enthaltenen Inhalte werden dabei entsprechend behandelt, ohne dass persönliche Bereiche anderer Nutzer betroffen sind.

> **Hinweis:**
> Ein Space ist kein technisches Hilfskonstrukt im Hintergrund, sondern der zentrale Ort, an dem Zusammenarbeit in OpenCloud stattfindet.
> Alles Weitere baut auf diesem Konzept auf.

Einen Space anlegen

Berechtigte Benutzerkonten können in OpenCloud selbst neue Spaces anlegen. In einer Standardinstallation betrifft das Administrator*innen sowie Benutzer*innen mit entsprechenden Rechten, etwa Space Manager*innen. Normale Anwender*innen ohne diese Berechtigung arbeiten in bestehenden Spaces mit, dürfen aber keine neuen Arbeitsräume erstellen.

Einen neuen Space legen Sie direkt über die Weboberfläche an. Wechseln Sie dazu in den Bereich *Spaces* und klicken Sie auf das Pluszeichen. Tragen Sie einen Namen ein und klicken Sie auf *Erstellen* – fertig. Der Einstieg ist bewusst niedrigschwellig gehalten, da Spaces als alltägliche Arbeitsräume gedacht sind und nicht als seltene Sonderfunktion.

Der Name sollte den Zweck des Arbeitsraums klar beschreiben, etwa ein Projekt, ein gemeinsames Thema oder ein Team. Darüber hinaus können Sie einem Space eine Beschreibung und ein Titelbild bzw. Emoji zuweisen. Über das Kontextmenü (rechte Maustaste) können Sie diese Angaben bequem bearbeiten und so dem Space frühzeitig eine erkennbare Identität geben.

Weitere Einstellungen sind zu diesem Zeitpunkt gar nicht erforderlich. OpenCloud folgt dem Prinzip, dass ein Space zunächst genutzt wird, bevor er im Detail optimiert wird. Rollen, Feinjustierungen oder zusätzliche Dienste spielen hier noch keine Rolle. Ziel ist es, schnell einen gemeinsamen Arbeitsraum zu schaffen, der sofort einsatzbereit ist.

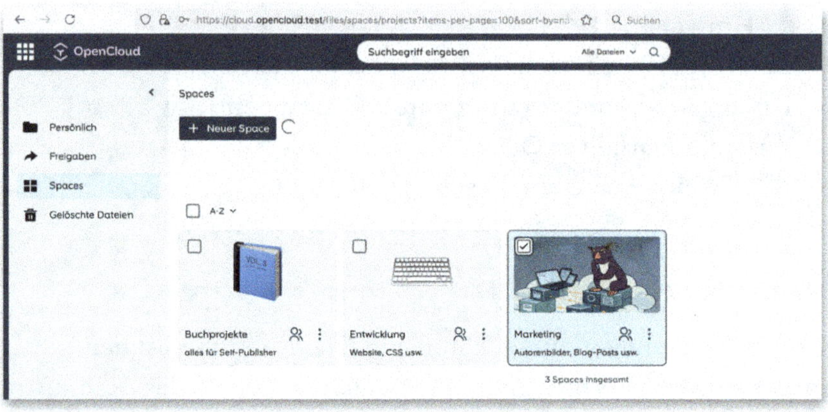

Spaces in OpenCloud mit Kachelansicht

Mitglieder zu einem Space hinzufügen

Zu einem Space können Sie sowohl OpenCloud-Benutzer als auch externe Personen hinzufügen. Entscheidend ist nicht, woher jemand kommt, sondern dass die Zusammenarbeit klar über den Space organisiert ist. Wer Mitglied ist, sieht die Inhalte und kann – je nach Rolle – daran mitarbeiten.

So fügen Sie neue Mitglieder hinzu:

1. Öffnen Sie den Space, in den Sie Personen einladen möchten.
2. Klicken Sie in der Detailansicht rechts auf *Mitglieder*.
3. Im oberen Bereich können Sie nach vorhandenen OpenCloud-Accounts suchen und hinzufügen.
4. Nach der Auswahl legen Sie fest, welche Zugriffsrechte die Person erhalten soll: *Kann anzeigen*, *Kann bearbeiten* oder *Kann verwalten*.

Sie können auf dieselbe Weise später auch Mitglieder entfernen, Rollen ändern oder weitere Personen einladen. Wenn Sie als Mitglied zu einem neuen Space hinzugefügt wurden, taucht dieser in Ihrer eigenen Liste auf. Außerdem benachrichtigt OpenCloud Sie über das Symbol mit der Glocke oben rechts in der Leiste.

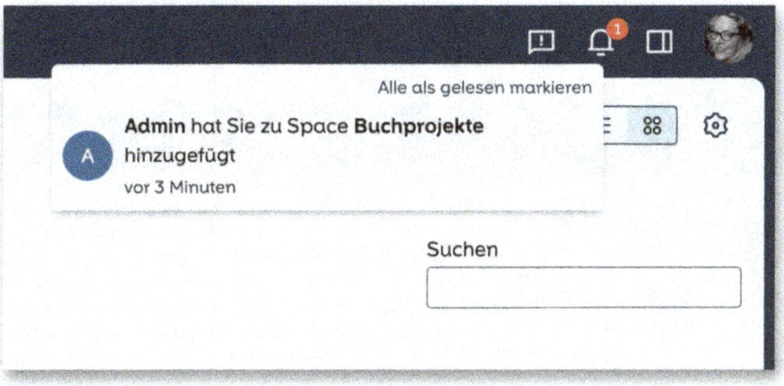

Benachrichtigung über neue Space-Mitgliedschaft

Alternativ können Sie Inhalte aus einem Space auch über öffentliche Links teilen. Diesen Link können Sie an externe Personen weitergeben, ohne dass diese ein OpenCloud-Konto benötigen. Wahlweise dürfen diese Anwender*innen dann Dinge im Space ansehen (oder diese herunterladen), auch etwas hochladen, bearbeiten oder löschen. Die Option *File Drop (geheim)* bewirkt, dass Personen mit dem Link hier lediglich etwas ablegen dürfen.

💡 **Tipp:**
Öffentliche Links können Sie mit einem eigenen Namen, mit einem Passwortschutz oder Ablaufdatum versehen.

Dateien im Space: gemeinsames Arbeiten

Arbeiten in einem Space unterscheidet sich bewusst vom Arbeiten im persönlichen Bereich. Dateien verwalten Sie hier nicht mehr individuell, sondern nutzen sie gemeinsam. Alle Mitglieder eines Spaces greifen auf denselben Bestand zu und arbeiten mit denselben Ordnern und Dateien.

Zusammenarbeit mit Spaces

Dateien können Sie (mit den entsprechenden Rechten) wie gewohnt hochladen, bearbeiten, umbenennen oder löschen. Der Unterschied liegt im Kontext: Änderungen wirken sich immer auf den gesamten Space aus. Wenn eine Person eine Datei aktualisiert, sehen alle anderen Mitglieder diese Änderung sofort. Es gibt keine „Kopie pro Person" und kein Weiterreichen einzelner Dateien per E-Mail oder Download.

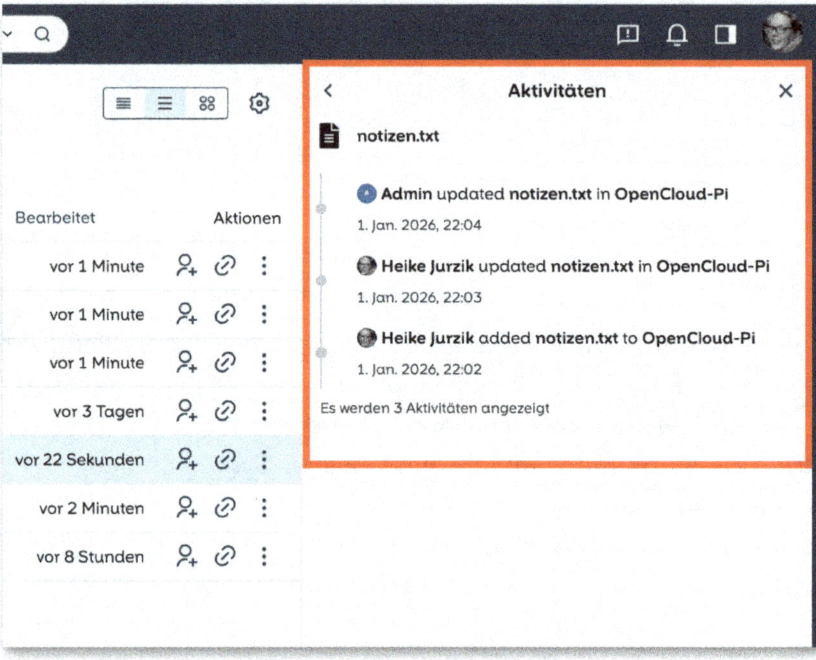

Gemeinsames Arbeiten in einem Space mit Aktivitätsübersicht

Dieses gemeinsame Arbeiten reduziert typische Abstimmungsprobleme. Es gibt nur eine aktuelle Version einer Datei, einen gemeinsamen Ablageort und einen klar definierten Kreis von Personen, die Zugriff haben. Wer Mitglied des Spaces ist, arbeitet mit. Wer kein Mitglied ist, sieht die Inhalte nicht – unabhängig davon, wer die Datei ursprünglich hochgeladen hat.

Im Alltag bedeutet das: Inhalte werden dort abgelegt, wo sie hingehören: im Space. Der persönliche Bereich bleibt für eigene Notizen, Entwürfe oder private Dateien reserviert. Für alles, was gemeinsam entstehen oder genutzt werden soll, ist ein Space der richtige Ort.

Typische Einsatzszenarien für Spaces

Spaces sind bewusst flexibel gehalten und nicht auf einen bestimmten Anwendungsfall festgelegt. Sie eignen sich überall dort, wo mehrere Personen gemeinsam mit Dateien arbeiten – dauerhaft oder zeitlich begrenzt.

Ein häufiger Einsatzbereich ist die Zusammenarbeit im privaten Umfeld, etwa in einer Familie oder einem Haushalt. Gemeinsame Dokumente, Fotos, Rechnungen oder Planungen lassen sich in einem Space bündeln, ohne dass sie an ein einzelnes Benutzerkonto gebunden sind.

Auch für Projekte oder Vereine sind Spaces gut geeignet. Ein Space kann ein Projekt über seine gesamte Laufzeit begleiten: von der ersten Idee über die Umsetzung bis zum Abschluss. Mitglieder können hinzugefügt oder entfernt werden, ohne dass Inhalte verschoben oder neu organisiert werden müssen.

Für temporäre Zusammenarbeit sind Spaces ebenfalls gedacht. Externe Beteiligte lassen sich gezielt einladen, erhalten Zugriff auf genau einen Arbeitsraum und verlieren diesen wieder, sobald das Projekt endet. Der restliche OpenCloud-Bereich bleibt davon unberührt.

Hinweis:
Gemeinsam ist all diesen Szenarien: Der Space bildet den organisatorischen Rahmen. Er definiert, wer beteiligt ist, wo Inhalte liegen und wie zusammengearbeitet wird.

Kapitel 13
Inhalte in OpenCloud suchen

Mit der Zeit sammeln sich in OpenCloud viele Dateien an. Spaces wachsen, Projekte laufen parallel, Ordner werden tiefer. Was am Anfang übersichtlich ist, wird schnell unhandlich – selbst dann, wenn sauber strukturiert wird. Ordner funktionieren nur, solange Sie wissen, wo etwas liegt. In der Praxis erinnern Sie sich aber selten an Dateinamen oder komplette Pfade. Dateien werden gemeinsam bearbeitet, verschoben oder in neuen Zusammenhängen genutzt. Spätestens dann reicht reines Durchklicken nicht mehr aus.

Grundprinzip der OpenCloud-Suche

Die Suche ersetzt keine Struktur, sondern ergänzt sie. Statt Pfade im Kopf zu behalten, arbeiten Sie mit Begriffen, Kontext und Zeitbezug. Entscheidend ist nicht der Ablageort, sondern der Zusammenhang. Deshalb ist die Suche in OpenCloud kein Zusatz, sondern von Anfang an Teil des Systems.

Die Suchleiste als Einstiegspunkt

Die Suche in OpenCloud beginnt immer an derselben Stelle: im Suchfeld in der oberen Leiste. Es ist jederzeit erreichbar – unabhängig davon, ob Sie sich im persönlichen Bereich oder in einem Space befinden. Sobald Sie mit der Eingabe beginnen, reagiert die Suche sofort. Bereits während des Tippens schlägt OpenCloud passende Treffer vor („search as you type").

Die Vorschläge erscheinen ohne spürbare Wartezeit und aktualisieren sich fortlaufend mit jeder weiteren Eingabe. Die Suche fühlt sich dadurch wie ein direktes Navigationswerkzeug an, nicht wie ein nachgelagerter Arbeitsschritt. Unabhängig davon, wo Sie sich gerade befinden, arbeitet immer dieselbe Suche. Sie berücksichtigt persönliche Dateien und Inhalte aus Spaces gleichermaßen – wenn Sie die entsprechenden Zugriffsrechte besitzen.

Trefferarten und Suchvorschau

Die Suchvorschau unterscheidet verschiedene Arten von Treffern. Sie zeigt Dateien, Ordner und Spaces an. So können Sie nicht nur einzelne Dokumente finden, sondern auch direkt zu einem thematischen Arbeitsraum springen. Jeder Treffer enthält zusätzliche Informationen, die bei der Einordnung helfen. Ein Icon zeigt den Dateityp an, daneben steht der Name des Elements.

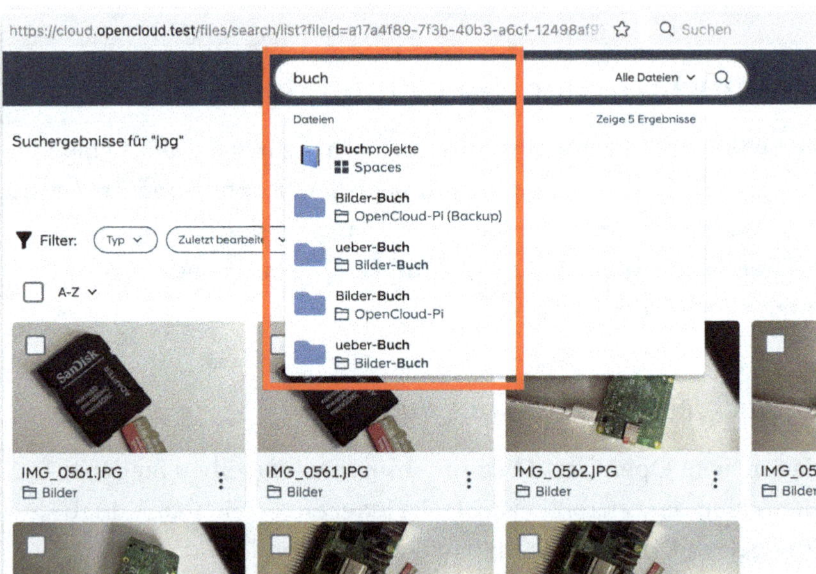

Während der Eingabe erscheinen passende Dateien, Ordner und Spaces.

Aus der Vorschau heraus können Sie einen Treffer direkt öffnen, zum zugehörigen Ordner wechseln oder die vollständige Trefferliste anzeigen lassen. Letzteres ist besonders dann sinnvoll, wenn Sie Ihre Suche weiter eingrenzen möchten.

Suchen mit Kontext: der Location-Filter

Ein zentraler Bestandteil der Suche ist der Location-Filter. Standardmäßig durchsucht OpenCloud alle Bereiche, auf die Sie Zugriff haben. In vielen Situationen ist das sinnvoll – manchmal jedoch zu breit. Wenn Sie sich bereits im richtigen Space oder Ordner befinden, können Sie die Suche bewusst einschränken. Mit der Option *Aktueller Ordner* berücksichtigt OpenCloud nur noch Treffer aus diesem Bereich. Die Suche orientiert sich dann am aktuellen Kontext statt am gesamten Datenbestand.

Das reduziert die Anzahl der Ergebnisse und erhöht deren Relevanz. Sie suchen nicht mehr global, sondern dort, wo Sie arbeiten. Die Suche wird damit steuerbar: Sie entscheiden, wie weit der Suchraum gefasst ist – vom gesamten System bis hin zum aktuellen Ordner.

Metadaten und strukturierte Suche

Neben dem Dateinamen nutzt OpenCloud weitere Informationen, um Inhalte auffindbar zu machen. Zu diesen Metadaten zählen der Dateityp, das Änderungsdatum, der Speicherort sowie optional vergebene Tags.

Was OpenCloud als Metadaten nutzt

Metadaten beschreiben eine Datei, ohne ihren Inhalt zu berücksichtigen. Sie entstehen größtenteils automatisch und sind unabhängig davon, was in einer Datei steht. Dadurch lassen sie sich schnell auswerten, und Sie können gezielt danach filtern.

Diese Art der Suche ist besonders zuverlässig. Metadaten sind eindeutig, konsistent vorhanden und eignen sich gut, um große Trefferlisten einzugrenzen.

Filtern nach Dateitypen

Häufig wollen Sie die Suche auf bestimmte Dateitypen einschränken. OpenCloud unterscheidet unter anderem zwischen Dokumenten, Tabellen, Präsentationen, PDFs, Bildern, Videos, Audiodateien, Archiven und Ordnern.

Mehrere ausgewählte Dateitypen sind logisch mit ODER verknüpft. OpenCloud zeigt also alle Dateien an, die zu einem der gewählten Typen passen. Kombinieren Sie einen Dateityp mit weiteren Filtern, z. B. mit einem Zeitraum, greift eine UND-Verknüpfung. In diesem Fall müssen alle ausgewählten Kriterien gleichzeitig erfüllt sein.

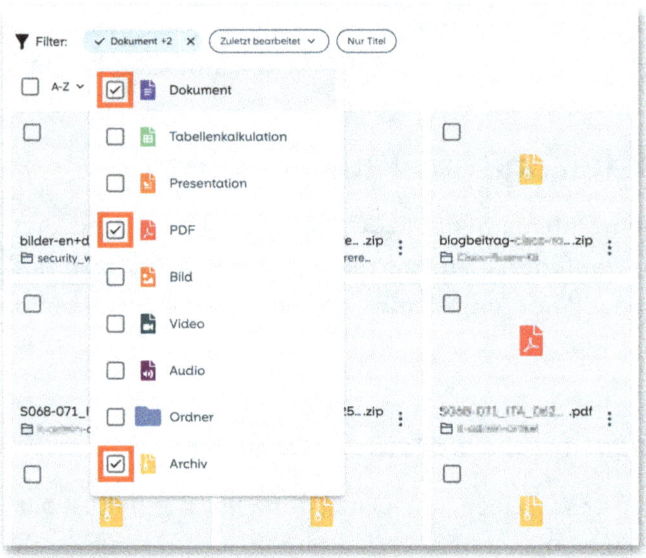

Suchergebnisse gezielt auf bestimmte Dateitypen einschränken

Zeitbasierte Filter

Über das Drop-down-Menü *Zuletzt bearbeitet* filtern Sie Suchergebnisse nach dem Änderungsdatum (z. B. „heute", „letzte sieben Tage", „dieses Jahr" oder „letztes Jahr"). Die Filter sind besonders hilfreich, wenn Sie den genauen Namen nicht kennen, der zeitliche Kontext aber noch präsent ist. Aussagen wie „Die Datei habe ich letzte Woche bearbeitet“ übersetzen Sie so direkt in eine präzise Suche.

> 💡 **Tipp:**
> In Kombination mit Dateitypen entstehen sehr zielgerichtete Abfragen, z. B. nach Präsentationen, die Sie kürzlich geändert haben.

Tags als zusätzliche Ordnungsebene

Tags ergänzen die klassische Ordnerstruktur um eine weitere Ordnungsebene. Eine Datei können Sie mit mehreren Tags versehen und dadurch in verschiedenen thematischen Zusammenhängen einsortieren, ohne sie physisch verschieben zu müssen. Tags dienen damit als flexible Ergänzung zu Ordnern.

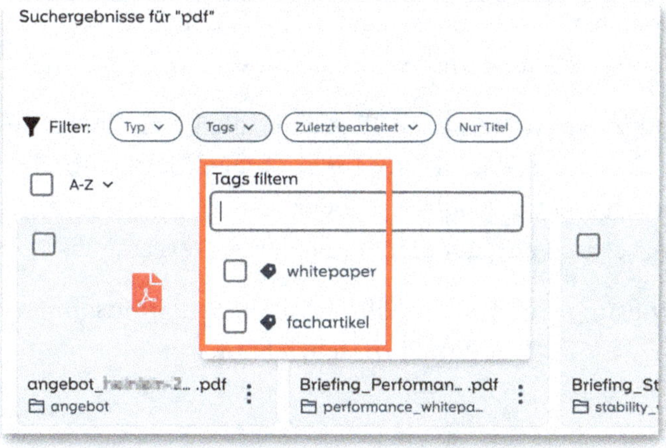

Tags als zusätzliche Filter nutzen

Tags nutzen Sie zur Orientierung. In der Dateiliste gibt es eine eigene Spalte *Tags*. Klicken Sie dort auf einen Tag, zeigt OpenCloud alle Dateien an, die mit demselben Tag versehen sind. Dasselbe gilt in der Detailansicht einer Datei auf der rechten Seite: Ein Klick auf einen Tag (nicht auf das *X* zum Entfernen) führt ebenfalls zu allen Dateien mit diesem Tag.

Die Vergabe von Tags ist bewusst manuell. Wer eine Datei bearbeiten darf, kann ihr in der Detailansicht auch Tags zuweisen. Die Berechtigungen für Tags folgen dabei den bestehenden Rollen und Rechten in OpenCloud.

> **Hinweis:**
> Der Nutzen von Tags hängt stark von ihrer konsequenten Verwendung ab. Nur wenn alle Nutzer*innen Tags einheitlich und sinnvoll vergeben, entsteht ein Mehrwert für die Suche.

Optional: Inhaltsbasierte Suche

OpenCloud kann die Suche optional um eine inhaltsbasierte Volltextsuche erweitern. Dabei werden nicht nur Dateinamen und Metadaten berücksichtigt, sondern auch die Inhalte unterstützter Dateiformate. Dafür kommt Apache Tika[1] zum Einsatz. Tika liest Texte direkt aus Dateien aus – egal ob PDF, Office-Dokument oder viele andere Formate – und macht sie für die Suche nutzbar.

Das Besondere daran: Apache Tika läuft lokal, braucht keine externen Dienste und keine Accounts. OpenCloud bleibt damit vollständig unter eigener Kontrolle, gewinnt aber die Fähigkeit, Inhalte zu finden, selbst wenn der Dateiname längst vergessen ist.

Die Aktivierung von Apache Tika erfolgt installationsabhängig und ist im OpenCloud-Handbuch[2] beschrieben.

> **Tipp:**
> OpenCloud bringt dafür bereits eine passende Grundlage mit: In der Standard-Compose-Konfiguration finden Sie einen vorkonfigurierten Apache-Tika-Container samt Docker-Compose-Konfiguration, den Sie bei Bedarf aktivieren.

1. https://tika.apache.org/
2. https://docs.opencloud.eu/docs/dev/server/services/search/information#tika

Kapitel 14
Öffentlichen Zugriff einrichten

In der Standardkonfiguration ist OpenCloud nur im lokalen Netzwerk erreichbar. Das ist bewusst so gewählt: Für erste Tests genügt der Zugriff im Heimnetz – sicherheitsrelevante Themen bleiben zunächst außen vor. Von außerhalb des eigenen Netzwerks lässt sich die Instanz so jedoch nicht erreichen.

Damit OpenCloud aus dem Internet erreichbar wird, braucht es einige zusätzliche Bausteine. Zunächst benötigt der Server einen öffentlichen Namen, unter dem er dauerhaft erreichbar ist, z. B. über einen DynDNS-Dienst oder eine eigene Domain. Zusätzlich muss der Router eingehende Anfragen aus dem Internet an den richtigen Rechner im Heimnetz weiterleiten. Schließlich gehört auch eine saubere HTTPS-Konfiguration dazu, damit Verbindungen verschlüsselt erfolgen und der Browser der Verbindung vertraut.

In diesem Kapitel richten Sie diese Grundlagen Schritt für Schritt ein. Am Ende ist OpenCloud sicher per HTTPS aus dem Internet erreichbar.

DynDNS: Feste Adresse trotz wechselnder IP

Im Heimnetz arbeitet OpenCloud mit einer privaten IP-Adresse, z. B. aus dem Bereich 192.168.x.x. Diese Adresse funktioniert nur innerhalb des eigenen Netzwerks. Von außen ist sie nicht erreichbar, da sie im Internet nicht geroutet wird.

Außerdem vergeben die meisten Internetanbieter bei Heimanschlüssen keine feste öffentliche IP-Adresse. Stattdessen ändert sich die öffentliche IP regelmäßig, z. B. nach einer Zwangstrennung oder einem Router-Neustart. Die Adresse, unter der Ihr Anschluss heute erreichbar ist, kann morgen bereits eine andere sein.

Ohne dynamisches DNS führt das zu einem grundlegenden Problem: Eine feste Webadresse für OpenCloud existiert nicht. Jeder Verbindungsaufbau von außen würde ins Leere laufen, sobald sich die IP-Adresse geändert hat. Genau hier setzt DynDNS an. Es sorgt dafür, dass ein fester Name immer auf die aktuell gültige öffentliche IP-Adresse zeigt – auch dann, wenn sich diese im Hintergrund ändert.

DynDNS-Dienste im Überblick

Für dynamisches DNS stehen verschiedene Anbieter zur Verfügung. Sie alle verfolgen dasselbe Ziel: Einen festen Namen bereitzustellen, der automatisch auf die aktuell gültige öffentliche IP-Adresse zeigt.

Zu den verbreiteten Diensten gehören deSEC (dedyn.io)[1], No-IP[2] sowie weitere kommerzielle und nicht-kommerzielle Anbieter. Die Unterschiede liegen weniger im Grundprinzip als in Details wie Kosten, Bedienung, Schnittstellen und Dokumentation.

Dieses Buch verwendet deSEC als Beispiel. Der Dienst ist kostenlos nutzbar, bietet eine klar definierte API und ist gut dokumentiert. Dadurch lässt er sich zuverlässig automatisieren und in typische Heimnetz-Setups integrieren. Die beschriebenen Konzepte lassen sich jedoch auch auf andere DynDNS-Anbieter übertragen.

Registrierung bei deSEC

Um deSEC als DynDNS-Dienst nutzen zu können, benötigen Sie ein kostenloses Benutzerkonto. Nach der Anmeldung legen Sie in der deSEC-Weboberfläche eine sogenannte Domain an. Gemeint ist damit eine von deSEC bereitgestellte `dedyn.io`-Subdomain, unter der Ihr Anschluss später erreichbar ist.

1. https://desec.io/
2. https://www.noip.com/de-DE

In diesem Buch verwenden wir `hasencloud.dedyn.io` als Beispiel. Diese Domain bildet den festen öffentlichen Namen für Ihre OpenCloud-Installation.

> **Hinweis:**
> Technisch handelt es sich nicht um eine eigenständig registrierte Internetdomain, sondern um eine Subdomain innerhalb von `dedyn.io`, die Sie selbst verwalten.

Außerdem erzeugen Sie bei deSEC ein persönliches DynDNS-Token. Dieses dient als Zugangsschlüssel, mit dem später Ihr Router oder ein anderes System die jeweils aktuelle öffentliche IP-Adresse an deSEC übermittelt.

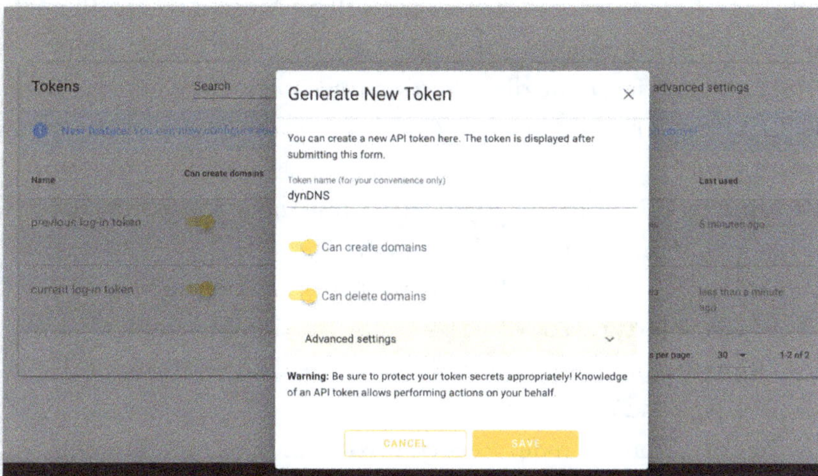

DynDNS-Token in der deSEC-Weboberfläche erstellen

DynDNS im Router einrichten

Die Übermittlung der IP-Adresse an den DynDNS-Dienst übernimmt sinnvollerweise der Router. Er stellt die Internetverbindung her, erkennt Änderungen der öffentlichen IP-Adresse und kann diese Informationen direkt an den DynDNS-Dienst weitergeben.

Auch wenn in diesem Buch beispielhaft eine FRITZ!Box verwendet wird, ist das Vorgehen nicht auf dieses Modell beschränkt. Nahezu alle gängigen Router bieten eine vergleichbare DynDNS-Funktion oder erlauben die Konfiguration eines benutzerdefinierten Anbieters. Entscheidend ist nicht das konkrete Gerät, sondern das Prinzip.

Alternativ ließe sich ein DynDNS-Update auch über Skripte umsetzen. Dieser Ansatz ist jedoch fehleranfälliger. Der Server müsste seine öffentliche IP selbst ermitteln, regelmäßig laufen bzw. korrekt starten, bevor ein Update erfolgen kann.

DynDNS im Router konfigurieren

Die konkrete Umsetzung unterscheidet sich je nach Routermodell und Hersteller[3], folgt jedoch stets demselben Muster. In den Einstellungen finden Sie einen Bereich für DynDNS oder dynamisches DNS. Dort aktivieren Sie die Funktion und tragen die Zugangsdaten des Anbieters ein.

- **Update-URL**: die vom DynDNS-Anbieter vorgegebene URL zur Aktualisierung der IP-Adresse. (`https://update.dedyn.io/?hostname=hasen-cloud.dedyn.io &myip=<ipaddr>` im Beispiel)
- **Domainname**: die bei deSEC angelegte dedyn.io-Domain, z. B. `hasencloud.dedyn.io`
- **Benutzername**: in der Regel der vollständige Domainname (z. B. `hasencloud.dedyn.io`)
- **Token**: das zuvor erzeugte DynDNS-Token

Tragen Sie diese Werte in die entsprechenden Felder Ihres Routers ein und speichern Sie die Konfiguration. Ab diesem Zeitpunkt aktualisiert der Router den DNS-Eintrag automatisch, sobald sich die öffentliche IP-Adresse ändert.

---

3. https://desec.readthedocs.io/en/latest/dyndns/configure.html

Hinweis:
Die FRITZ!Box erwartet den Platzhalter `<ipaddr>` exakt in dieser Schreibweise. Andere Router verwenden teils abweichende Platzhalter, die Sie der Dokumentation des Anbieters entnehmen.

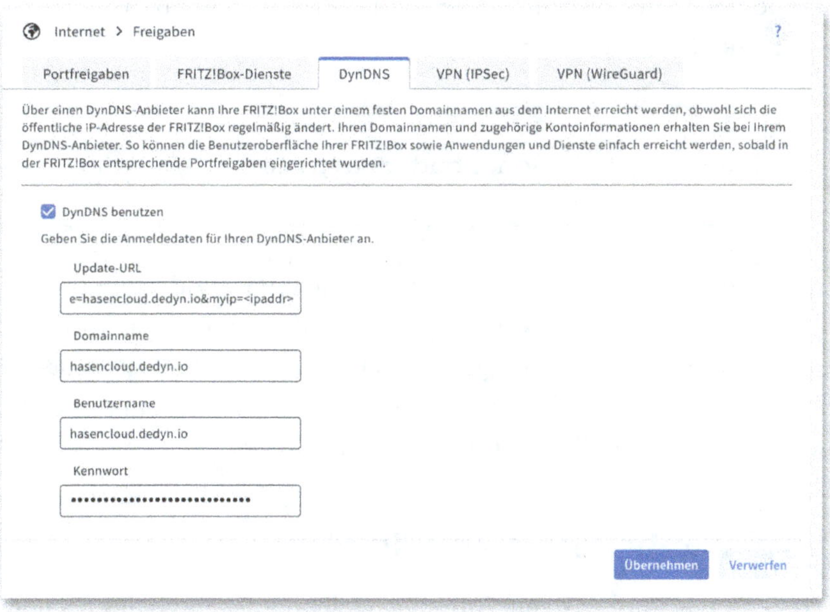

Konfiguration der DynDNS-Funktion in einer FRITZ!Box am Beispiel von deSEC

Funktion prüfen

Um Ihre öffentliche IP-Adresse zu ermitteln, öffnen Sie einen Webbrowser auf einem beliebigen Gerät in Ihrem Heimnetz und rufen Sie folgende Seite auf:

```
https://www.wieistmeineip.de/
```

Die Seite zeigt die öffentliche IP-Adresse, unter der Ihr Internetanschluss aktuell im Internet erreichbar ist. Diese Adresse wird von Ihrem Internetprovider vergeben und gilt für alle ausgehenden Verbindungen Ihres Routers. Das ist also genau die IP-Adresse, die externe Dienste sehen, wenn Ihr Router eine Verbindung ins Internet aufbaut.

Prüfen Sie anschließend, auf welche IP-Adresse Ihre DynDNS-Domain zeigt. Das geht ebenfalls ohne zusätzliche Tools, z. B. über einen Online-DNS-Checker oder ein Terminal. Im Terminal (Linux, macOS oder Windows mit PowerShell, sofern `dig` verfügbar ist) geben Sie diesen Befehl ein:

```
dig +short hasencloud.dedyn.io
```

Die IP-Adresse aus dem DNS-Lookup sollte mit der Adresse auf `wieistmeineip.de` übereinstimmen. Ist das der Fall, funktioniert die DynDNS-Aktualisierung korrekt: Der Router meldet IP-Änderungen zuverlässig an den DynDNS-Dienst, und Ihre Domain zeigt stets auf Ihren aktuellen Internetanschluss.

Portfreigaben für OpenCloud

Damit OpenCloud aus dem Internet erreichbar ist, muss der Router eingehende Verbindungen an den Server weiterleiten, auf dem OpenCloud läuft. Diese Weiterleitung erfolgt über sogenannte Portfreigaben. In diesem Abschnitt richten Sie die Ports ein, die OpenCloud für den sicheren Betrieb benötigt.

Warum Port 80 und 443 notwendig sind

OpenCloud wird grundsätzlich über HTTPS betrieben. Der gesamte Zugriff erfolgt verschlüsselt über Port 443. Das schützt Anmeldedaten, Inhalte und Metadaten vor dem Mitlesen und ist heute der Standard für öffentlich erreichbare Dienste.

Trotzdem ist zusätzlich Port 80 (HTTP) erforderlich. Der Grund liegt in der automatischen Zertifikatsprüfung durch Let's Encrypt. Bei der sogenannten HTTP-01-Challenge prüft der Zertifikatsdienst, ob der Server unter der angegebenen Domain tatsächlich erreichbar ist. Diese Prüfung erfolgt über eine kurzfristige HTTP-Anfrage auf Port 80. Ist dieser Port nicht erreichbar, schlägt die Zertifikatsausstellung fehl – selbst dann, wenn Sie später ausschließlich HTTPS nutzen. Kurz gesagt:

- **Port 443**: regulärer Zugriff auf OpenCloud per HTTPS
- **Port 80**: einmalige und regelmäßige Erreichbarkeit für die Zertifikatsprüfung

Andere Ports oder alternative Verfahren betrachten wir an dieser Stelle bewusst nicht. Für den hier beschriebenen Aufbau sind Port 80 und 443 ausreichend und vorgesehen.

Portfreigaben im Router einrichten

Die konkrete Oberfläche unterscheidet sich je nach Routermodell, das Prinzip ist jedoch immer gleich. Gehen Sie in der Konfigurationsoberfläche Ihres Routers zu den Portfreigaben oder NAT-Einstellungen und legen Sie zwei Weiterleitungen an:

- **Zielgerät auswählen**: Wählen Sie den Server aus, auf dem OpenCloud läuft (Ihren Raspberry Pi).
- **Port 80 (HTTP)**: Protokoll: TCP, externer Port: 80, interner Port: 80
- **Port 443 (HTTPS)**: Protokoll: TCP, externer Port: 443, interner Port: 443

Achten Sie darauf, dass beide Ports auf dasselbe Gerät weitergeleitet werden. Weitere Einstellungen sind nicht erforderlich.

Nach dem Speichern der Portfreigaben ist Ihr Server aus dem Internet erreichbar. In Kombination mit DynDNS und der korrekten Domainkonfiguration kann OpenCloud nun eingehende

Verbindungen annehmen und SSL/TLS-Zertifikate automatisch beziehen.

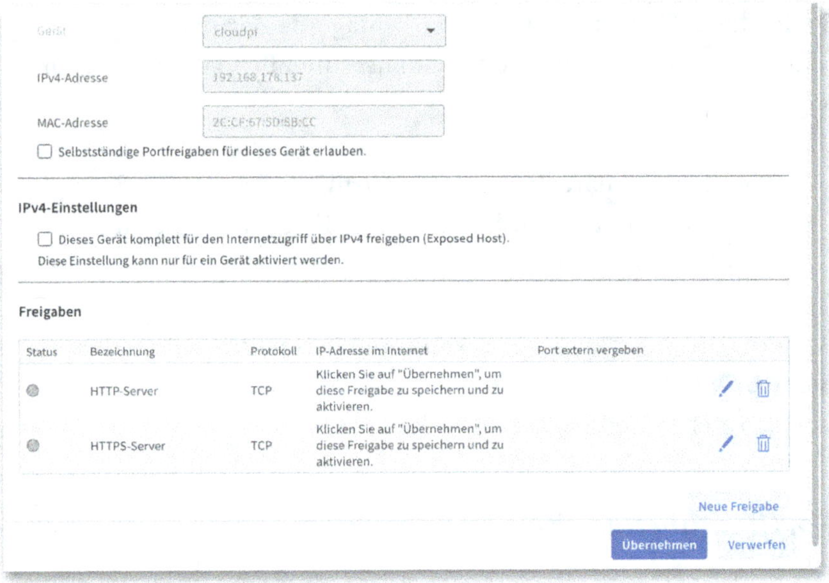

Portfreigaben für HTTP (Port 80) und HTTPS (Port 443) in einer FRITZ!Box

Subdomains und Wildcard-DNS

Bevor OpenCloud im Produktivbetrieb über HTTPS erreichbar ist, legen wir die Namensstruktur fest, unter der die einzelnen Dienste später laufen. In diesem Abschnitt geht es ausschließlich um DNS-Grundlagen und Vorbereitung – nicht um die Einrichtung oder Nutzung der Dienste selbst.

Warum OpenCloud mehrere Subdomains nutzt

OpenCloud selbst ist über eine Hauptdomain erreichbar, z. B.:

```
hasencloud.dedyn.io
```

Darüber hinaus nutzt OpenCloud weitere Komponenten, die technisch als eigene Dienste laufen. Typische Beispiele sind:

- **Collabora** für die gemeinsame Bearbeitung von Office-Dokumenten
- **WOPI** als technischer Dienst für die Anbindung von Office-Editoren
- **Radicale** für CalDAV- und CardDAV-Dienste (Kalender und Kontakte)
- **Traefik** als zentraler Reverse Proxy für Routing und HTTPS

Diese Dienste verwenden jeweils eigene Hostnamen, etwa:

```
collabora.hasencloud.dedyn.io

wopiserver.hasencloud.dedyn.io

radicale.hasencloud.dedyn.io

traefik.hasencloud.dedyn.io
```

Hinweis:
Wie Sie Collabora oder andere Komponenten einrichten und nutzen, behandeln spätere Kapitel. Für den Moment reicht es zu wissen, dass OpenCloud mehrere Subdomains verwendet.

Wildcard-DNS statt einzelner Subdomains

Theoretisch könnten Sie für jede Subdomain einen eigenen DNS-Eintrag anlegen. In der Praxis ist das bei Heimanschlüssen jedoch unpraktisch. Das Problem ist, dass jede Subdomain einen eigenen A-Record benötigt, für jede neue Subdomain ein weiterer DNS-Eintrag hinzukommt, DynDNS in der Regel nur die Hauptdomain und nicht automatisch alle Subdomains aktualisiert. Das führt schnell zu Pflegeaufwand und Fehlern, besonders wenn sich die öffentliche IP-Adresse regelmäßig ändert.

Die Lösung: Wildcard-DNS. Statt einzelne Subdomains zu pflegen, legen Sie einen einzigen DNS-Eintrag an:

```
*.hasencloud.dedyn.io
```

💡 **Tipp:**
Dieser Wildcard-Eintrag sorgt dafür, dass alle Subdomains automatisch auf dieselbe IP-Adresse zeigen – auch solche, die erst später hinzukommen.

Wildcard-Record bei deSEC anlegen

Bei vielen DynDNS-Setups wird in der Regel nur der DNS-Eintrag der Hauptdomain automatisch aktualisiert. Damit alle Subdomains dieser Änderung zuverlässig folgen, legen Sie den Wildcard-Eintrag als CNAME auf die Hauptdomain an. Gehen Sie im deSEC-Dashboard zu Ihrer Domain, klicken Sie auf das Pluszeichen und legen Sie folgenden DNS-Eintrag an:

- **Record Set Typ:** CNAME
- **Subname:** *
- **Target Domain Name:** `hasencloud.dedyn.io`
- **TTL:** 60 Sekunden

Die TTL (Time to Live) gibt an, wie lange DNS-Server den Eintrag zwischenspeichern dürfen. Ein Wert von 60 Sekunden ist für DynDNS-Szenarien völlig ausreichend und sorgt dafür, dass IP-Änderungen schnell wirksam werden. Ändert sich Ihre öffentliche IP-Adresse, aktualisiert der DynDNS-Mechanismus den Eintrag –

und diese Änderung gilt automatisch für alle Subdomains, die vom Wildcard-Record abgedeckt sind.

Subdomains testen

Nach dem Anlegen des Wildcard-DNS-Eintrags können Sie prüfen, ob Subdomains korrekt aufgelöst werden. Im Terminal geht das so:

```
dig +short collabora.hasencloud.dedyn.io

dig +short wopiserver.hasencloud.dedyn.io
```

Beide Abfragen sollten dieselbe IP-Adresse zurückliefern wie die Hauptdomain. Ist das der Fall, funktioniert das Wildcard-DNS korrekt, und die DNS-Struktur ist bereit für den nächsten Schritt.

Produktivbetrieb vorbereiten

Nach der Vorbereitung von DynDNS, Portfreigaben und DNS-Struktur geht es nun an die eigentliche OpenCloud-Konfiguration. In diesem Abschnitt passen Sie die zentrale Konfigurationsdatei so an, dass Sie OpenCloud dauerhaft, sicher und unter Ihrer öffentlichen Domain betreiben können.

Die „.env"-Datei anpassen

Wie schon in früheren Kapiteln erwähnt, legt die Datei `.env` unter anderem fest, unter welchen Domains die einzelnen Dienste erreichbar sind und ob OpenCloud im Entwicklungs- oder Produktivmodus läuft. Wechseln Sie in das Verzeichnis mit der OpenCloud-Konfiguration (z. B. `/opt/opencloud/opencloud-compose`) und öffnen Sie die Datei `.env` in einem Texteditor. Suchen Sie in der

Datei den Eintrag `OC_DOMAIN`. Tragen Sie hier die öffentliche Domain ein, unter der OpenCloud später erreichbar sein soll:

```
OC_DOMAIN=hasencloud.dedyn.io
```

Falls Sie Collabora nutzen möchten (z. B. für die gemeinsame Bearbeitung von Dokumenten), tragen Sie die zugehörigen Subdomains ein. Die entsprechenden Variablen sind in der `.env` bereits vorhanden; optional können Sie auch eine Domain für das Traefik-Dashboard festlegen:

```
COLLABORA_DOMAIN=collabora.hasencloud.
dedyn.io

WOPISERVER_DOMAIN=wopiserver.hasencloud.
dedyn.io

TRAEFIK_DOMAIN=traefik.hasencloud.dedyn.
io
```

Hinweis:
Wichtig: Sie aktivieren diese Dienste hier noch nicht. Sie legen lediglich fest, unter welchen Namen sie später erreichbar sein sollen.

HTTPS und Let's Encrypt aktivieren

Suchen Sie in der .env-Datei nun nach dieser Zeile:

```
INSECURE=true
```

Ändern Sie den Wert `true` auf `false`. Damit bestimmen Sie, dass OpenCloud echte SSL/TLS-Zertifikate anfordert, die produktive Let's-Encrypt-CA verwendet und alle Dienste über HTTPS ausliefert. Diese Einstellung ist der klare Wechsel vom Test- in den Produktivbetrieb. Ohne sie bleiben selbst bei öffentlicher Erreichbarkeit unsichere oder selbstsignierte Zertifikate aktiv.

Tragen Sie außerdem eine gültige E-Mail-Adresse in dieser Zeile ein:

```
TRAEFIK_ACME_MAIL=mail@example.org
```

Der Eintrag ist wichtig, denn Let's Encrypt verlangt bei jeder Zertifikatsanforderung eine gültige E-Mail-Adresse für Ablaufwarnungen und für Missbrauchsmeldungen.

Es ist empfehlenswert, die Zertifikatsanforderung zunächst gegen den Staging-Server von Let's Encrypt zu testen. So vermeiden Sie, dass Ihre Domain bei Fehlkonfigurationen durch mehrere gescheiterte Versuche temporär gesperrt wird und für einige Zeit kein echtes Zertifikat ausgestellt werden kann. Für diesen Test tragen Sie in der `.env`-Datei den Staging-Endpunkt von Let's Encrypt ein:

```
TRAEFIK_ACME_CASERVER=https://acme-
staging-v02.api.letsencrypt.org/directory
```

Startet OpenCloud mit dieser Einstellung erfolgreich und zeigt der Browser ein Zertifikat der Ausstellerkette *Fake LE Intermediate X1*, funktioniert der Zertifikatsprozess korrekt. Entfernen Sie den Eintrag anschließend wieder, um beim nächsten Start ein gültiges Zertifikat von der produktiven Let's-Encrypt-CA zu erhalten. Speichern Sie die Änderungen und schließen Sie den Editor. Die `.env`-Datei ist damit für den Produktivbetrieb vorbereitet.

Änderungen anwenden und prüfen

Als Nächstes wenden Sie die Änderungen an und überprüfen, ob OpenCloud von außen korrekt erreichbar ist.

Container neu starten

Änderungen an der `.env`-Datei greifen erst beim (Neu-)Start der Container. Falls OpenCloud zu diesem Zeitpunkt bereits läuft, sorgen Sie nun dafür, dass die Dienste die neue Konfiguration auch tatsächlich einlesen. Prüfen Sie zunächst, ob aktuell Container aktiv sind:

```
docker compose ps
```

Erscheinen hier laufende Container (`Status Up`), stoppen Sie den Stack einmal vollständig:

```
docker compose down
```

Damit werden alle zu OpenCloud gehörenden Container sauber beendet. Daten und Konfiguration bleiben erhalten, da sie in Volumes gespeichert sind. Anschließend starten Sie OpenCloud mit der aktualisierten Konfiguration neu:

```
docker compose up -d
```

Dieser bewusste Neustart stellt sicher, dass die geänderte `.env` eingelesen wird, Traefik die neuen Domains kennt, HTTPS und Let's Encrypt korrekt initialisiert werden.

Erreichbarkeit im Browser prüfen

Öffnen Sie nun auf einem Laptop oder mobilen Gerät einen Browser und rufen Sie Ihre Domain auf. Sie sollten die OpenCloud-Anmeldeseite sehen. Der Browser zeigt kein Warnsymbol mehr an, das Zertifikat ist gültig und von Let's Encrypt ausgestellt.

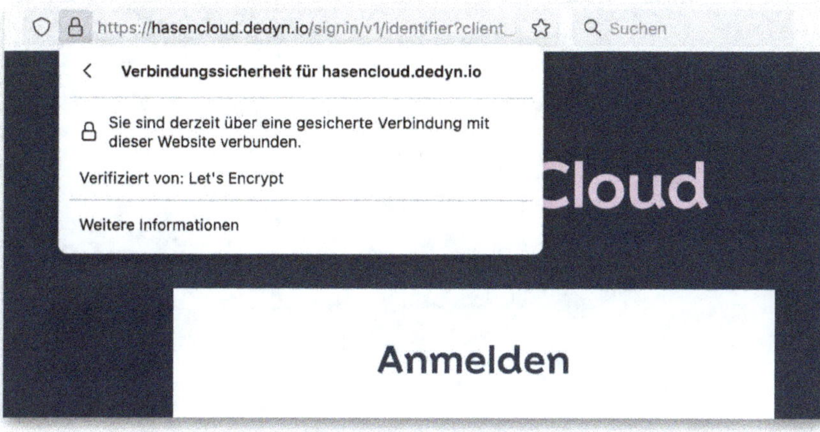

OpenCloud-Anmeldeseite mit gültigem HTTPS-Zertifikat von Let's Encrypt

Hinweis:
Beim ersten Aufruf zeigen der Browser oft noch ein Traefik-Default-Zertifikat. Das ist normal und verschwindet nach erfolgreicher ACME-Validierung automatisch.

Warten Sie einige Minuten und laden Sie die Seite erneut neu (inklusive Browser-Cache). Bleibt das Default-Zertifikat bestehen, prüfen Sie die Traefik-Logs:

```
docker logs opencloud-compose-traefik-1
```

Finden Sie dort Meldungen wie `ACME challenge failed` oder `timeout`, liegt die Ursache fast immer außerhalb von OpenCloud selbst. Prüfen Sie in diesem Fall DNS-Einträge und Portfreigaben im Router. Eine systematische Fehlersuche für solche Fälle folgt in einem späteren Kapitel.

Kapitel 15
Externen Speicher einbinden

In der Voreinstellung speichert OpenCloud Daten in einem internen Docker-Volume. Das ist für erste Tests ausreichend, stößt aber im Alltag schnell an Grenzen: Der Speicherplatz ist schwer einschätzbar, Backups werden unübersichtlich, und größere Datenmengen lassen sich nur umständlich verwalten.

Gerade auf einem Raspberry Pi kommt ein weiterer Aspekt hinzu: Die System-SD-Karte ist für Dauerlast und häufige Schreibzugriffe nur bedingt geeignet. Diese können die Lebensdauer der Karte deutlich verkürzen und im schlimmsten Fall zu Datenverlust führen.

In diesem Kapitel binden Sie einen externen Datenträger ein und machen den Raspberry Pi zu einem kleinen, aber sauberen Server: System auf der SD-Karte, Daten auf einer USB- oder NVMe-SSD.

Speicher- und Datenkonzept von OpenCloud

Bevor Sie einen externen Datenträger anbinden, lohnt sich ein kurzer Blick auf das grundlegende Speicherprinzip. OpenCloud selbst läuft vollständig in Containern. Die eigentlichen Daten liegen jedoch außerhalb dieser Container auf dem Hostsystem. Genau diese Trennung ist entscheidend: Container lassen sich jederzeit neu starten, aktualisieren oder ersetzen – die Daten bleiben dabei erhalten.

Für die Anbindung nutzt OpenCloud Verzeichnisse auf dem Hostsystem, die entweder als Docker-Volumes oder als direkte Verzeichnisse (Bind Mounts) eingebunden werden.

Dabei gelten drei zentrale Grundsätze:

- **Container sind austauschbar:** Sie können sie stoppen, löschen oder neu erstellen, ohne Daten zu verlieren.

- **Daten sind dauerhaft:** Benutzerdateien, Metadaten und Konfigurationen liegen außerhalb der Container.
- **Der Speicherort entscheidet über Wartbarkeit:** Er beeinflusst Backup-Strategien, Erweiterbarkeit und die langfristige Stabilität der Installation.

Ein externer Datenträger setzt diese Trennung sauber um. Sie erweitern den verfügbaren Speicherplatz, was gerade bei wachsenden Datenmengen schnell spürbar wird. Gleichzeitig trennen Sie System und Nutzerdaten klar voneinander – ein wichtiger Punkt, insbesondere auf dem Raspberry Pi mit seiner empfindlichen SD-Karte. Darüber hinaus erleichtert ein externer Speicher Backups erheblich: Sie sichern Nutzerdaten gezielt oder behandeln den Datenträger separat, ohne das laufende System anfassen zu müssen.

Externe Speicherquellen: Was ist geeignet?

OpenCloud selbst stellt keine besonderen Anforderungen an den Datenträger. Entscheidend ist nicht die Hardware, sondern das darunterliegende Linux-Dateisystem und eine stabile, dauerhafte Einbindung in das System. Solange der Datenträger zuverlässig verfügbar ist, kann OpenCloud ihn als Speicherort nutzen.

In der Praxis kommen dafür unterschiedliche externe Speicherquellen infrage. Klassische USB-Festplatten (HDDs) bieten viel Speicherplatz zu niedrigen Kosten, arbeiten jedoch mechanisch und reagieren empfindlicher auf Erschütterungen. USB-SSDs sind deutlich robuster, schneller und eignen sich gut für den kontinuierlichen Betrieb mit vielen Zugriffen. Externe NVMe-Gehäuse stellen die leistungsfähigste Variante dar: Sie bieten hohe Übertragungsraten und kurze Zugriffszeiten, sind aber teurer.

> **Hinweis:**
> Für einen echten Produktivbetrieb empfiehlt sich eine SSD oder eine HDD mit eigener Stromversorgung.

Dateisysteme verstehen

Ein externer Datenträger ist ohne Dateisystem für OpenCloud nicht nutzbar. Das Dateisystem legt fest, wie Daten gespeichert, gelesen und geschützt werden – und vor allem, ob Linux und OpenCloud sinnvoll damit arbeiten können. Viele Datenträger kommen bereits formatiert daher, oft mit einem Dateisystem, das für den Einsatz mit OpenCloud ungeeignet ist. Deshalb lohnt sich ein kurzer Überblick.

USB-Sticks und externe Festplatten sind häufig mit FAT32 oder exFAT formatiert. Diese Dateisysteme funktionieren unter Windows, macOS und Linux. Sie kennen jedoch keine Unix-Rechte, keine Besitzer und keine ACLs. Für OpenCloud fehlen damit grundlegende Voraussetzungen für einen sicheren Mehrbenutzerbetrieb. Für produktive OpenCloud-Installationen sind sie ungeeignet.

NTFS ist das Standard-Dateisystem unter Windows. Linux kann NTFS lesen und schreiben, die Integration bleibt jedoch komplex. Die Rechteverwaltung ist eingeschränkt und verhält sich nicht wie unter nativen Linux-Dateisystemen. Auch wenn NTFS technisch funktioniert, empfiehlt sich der Einsatz für OpenCloud nicht.

Das empfohlene Dateisystem ist ext4. Es ist das Standard-Dateisystem moderner Linux-Systeme, stabil, performant und gut dokumentiert. ext4 unterstützt Dateirechte, Besitzer, Gruppen und alle Mechanismen, die OpenCloud für einen sauberen Betrieb benötigt.

💡 **Tipp:**
Für OpenCloud verwenden Sie ein natives Linux-Dateisystem; für die meisten Installationen ist ext4 die beste Wahl.

Neuer oder bereits formatierter Datenträger?

Wie Sie weiter vorgehen, hängt davon ab, in welchem Zustand sich der Datenträger befindet. Ein neuer Datenträger kommt häufig entweder ohne sinnvolles Dateisystem oder mit FAT32 bzw. exFAT. In diesem Fall richten Sie ihn einmal sauber ein: partitionieren, mit ext4 formatieren und einbinden.

Ein bereits genutzter Datenträger enthält möglicherweise Daten oder ist mit einem für OpenCloud ungeeigneten Dateisystem formatiert. In diesem Fall sichern Sie die vorhandenen Daten extern und formatieren den Datenträger anschließend neu.

> ⚠️ **Warnung:**
> Das Anlegen oder Ändern eines Dateisystems löscht alle vorhandenen Daten. Im Buch gehen wir davon aus, dass der Datenträger leer ist.

Datenträger identifizieren

Bevor Sie einen externen Datenträger einrichten oder formatieren, sollten Sie wissen, welches Gerät Sie vor sich haben. Ein falscher Gerätename führt im schlimmsten Fall dazu, dass Sie versehentlich das Systemlaufwerk löschen. Konkret geht es um zwei Fragen:

- Welcher Datenträger ist es?
- Welche Partition darauf soll verwendet werden?

Die Antworten darauf sehen je nach Betriebssystem unterschiedlich aus. Wichtig ist nicht die exakte Schreibweise, sondern das Prinzip: Jeder Datenträger und jede Partition besitzt eine eindeutige Kennung.

Datenträger unter Linux erkennen

Auf dem Raspberry Pi (oder jedem anderen Linux-System) identifizieren Sie angeschlossene Datenträger typischerweise im Terminal. Mit folgendem Befehl erhalten Sie eine übersichtliche Liste aller Blockgeräte:

```
lsblk
```

Hier sehen Sie Festplatten, USB-Sticks und deren Partitionen, z. B. als `/dev/sda`, `/dev/sda1` usw. Anhand von Größe und Typ erkennen Sie, welcher Datenträger der externe Speicher ist.

Datenträger unter macOS erkennen

Auch unter macOS müssen Sie zunächst eindeutig feststellen, welcher Datenträger der richtige ist. Dafür nutzen Sie das Terminal und geben dieses Kommando ein:

```
diskutil list
```

macOS zeigt daraufhin alle angeschlossenen Datenträger und deren Partitionen an. Ein externer USB-Stick erscheint typischerweise als Eintrag wie `/dev/disk4 (external, physical)`.

> **Hinweis:**
> Die konkrete Nummer (`disk4`, `disk4s1`) kann auf Ihrem System anders aussehen. Entscheidend ist, dass Sie anhand von Größe und Bezeichnung eindeutig erkennen, welcher Eintrag zu Ihrem externen Datenträger gehört.

Datenträger unter Windows erkennen

Unter Windows erscheinen externe Datenträger üblicherweise als Laufwerksbuchstaben wie `E:` oder `F:`. Für eine genauere Identifikation öffnen Sie die *Datenträgerverwaltung* (Rechtsklick auf *Start*). Dort sehen Sie alle angeschlossenen Datenträger mit Größe, Partitionen und Dateisystem. Auch wenn Windows später nicht das Zielsystem ist, hilft diese Ansicht dabei, sicherzustellen, welcher Datenträger tatsächlich der externe Speicher ist.

Warum diese Vorbereitung wichtig ist

Die hier gesammelten Informationen helfen Ihnen später, den Datenträger auf dem Raspberry Pi sauber und reproduzierbar einzubinden. Sie wissen dann

- welches physische Gerät Sie vor sich haben,
- welche Partition relevant ist,
- und welche Größe zu erwarten ist.

Im nächsten Schritt schließen Sie den Datenträger direkt am Raspberry Pi an und bereiten ihn dort für den Einsatz mit OpenCloud vor.

Datenträger auf dem Pi vorbereiten

Jetzt bereiten Sie den externen Datenträger so vor, dass OpenCloud ihn dauerhaft und zuverlässig nutzen kann. Die folgenden Schritte führen Sie auf dem Raspberry Pi aus. Schließen Sie den externen Datenträger an den Raspberry Pi an und melden Sie sich per SSH an:

```
$ lsblk
sda 1.8T disk
└─sda1 1.8T part
mmcblk0 119.1G disk
└─mmcblk0p1 512M part /boot/firmware
└─mmcblk0p2 118.6G part /
```

In diesem Beispiel ist `sda` der externe Datenträger mit einer Größe von etwa 1,8 TB, und `sda1` ist die darauf vorhandene Partition.

> ⚠ **Warnung:**
> Achten Sie sorgfältig darauf, das richtige Gerät zu identifizieren. Verwechseln Sie den externen Datenträger nicht mit der internen SD-Karte (`mmcblk0`).

Als Nächstes formatieren Sie die Partition mit ext4, was alle vorhandenen Daten löscht:

```
sudo mkfs.ext4 /dev/sda1 -L DATA
```

`/dev/sda1` ist die Partition des externen Datenträgers, und `DATA` ist ein frei gewähltes Label, das wir später für das automatische Einbinden nutzen.

Legen Sie nun auf dem Raspberry Pi ein Verzeichnis an, unter dem der Datenträger künftig eingebunden wird. Setzen Sie anschließend den Besitzer so, dass OpenCloud dort schreiben kann:

```
sudo mkdir -p /mnt/data

sudo chown -R 1000:1000 /mnt/data
```

Die UID 1000 entspricht dem ersten regulären Benutzer auf dem System und wird auch von den OpenCloud-Containern verwendet. So stellen Sie sicher, dass OpenCloud unabhängig davon schreiben kann, ob der Dienst manuell oder über systemd gestartet wird.

Externen Speicher einbinden

Damit der Datenträger nach jedem Neustart automatisch verfügbar ist, bearbeiten Sie die Datei `/etc/fstab` mit einem Texteditor mit Root-Rechten. Fügen Sie am Ende der Datei folgende Zeile hinzu:

```
LABEL=DATA /mnt/data ext4 defaults 0 0
```

Diese Angabe sorgt dafür, dass der Datenträger anhand seines Labels eingebunden wird – unabhängig davon, ob er später als `sda`, `sdb` oder unter einem anderen Gerätenamen erscheint. Speichern Sie die Datei und schließen Sie den Editor.

Aktivieren Sie die neue Konfiguration mit `sudo mount -a`. Bleibt die Eingabe ohne Fehlermeldung, ist der Datenträger korrekt eingebunden. Prüfen Sie das Ergebnis:

```
$ df -h /mnt/data
/dev/sda1 1.8T … 1% /mnt/data
```

Die Ausgabe sollte nun die Größe Ihres externen Datenträgers anzeigen. Der externe Datenträger ist nun dauerhaft unter `/mnt/data` verfügbar.

Falls eine Fehlermeldung erscheint, laden Sie die Systemkonfiguration neu und wiederholen den Befehl:

```
sudo systemctl daemon-reload
sudo mount -a
```

Datenträger in OpenCloud einbinden

Jetzt binden Sie den vorbereiteten Datenträger als dauerhaften Speicherort für OpenCloud ein. Ziel ist, dass alle Nutzerdaten künftig auf dem externen Datenträger liegen und nicht mehr im internen Docker-Volume.

Aktuellen Zustand prüfen

Wechseln Sie auf dem Raspberry Pi in das OpenCloud-Verzeichnis und prüfen Sie, ob Container laufen:

```
cd /opt/opencloud/opencloud-compose

docker compose ps
```

Laufen Container, stoppen Sie den Stack sauber, damit während der Umstellung keine Daten geschrieben werden:

```
docker compose down
```

Mountpunkt überprüfen

Stellen Sie sicher, dass der Datenträger korrekt eingebunden ist, z. B.:

```
df -h /mnt/data
```

Datenverzeichnis in der „.env" umstellen

Öffnen Sie nun die OpenCloud-Konfigurationsdatei `.env` in einem Texteditor und suchen Sie nach dieser Zeile:

```
# OC_DATA_DIR=/your/local/opencloud/data
```

Ändern Sie sie zu:

```
OC_DATA_DIR=/mnt/data
```

Damit sagen Sie OpenCloud explizit: Alle Nutzerdaten gehören auf den externen Datenträger. Speichern Sie die Datei und schließen Sie den Editor.

OpenCloud neu starten

Starten Sie den Stack mit der neuen Konfiguration und prüfen Sie anschließend, ob alle Container sauber laufen:

```
docker compose up -d

docker compose ps
```

Ergebnis kontrollieren

Prüfen Sie, ob OpenCloud tatsächlich auf den neuen Speicher schreibt:

```
ls -l /mnt/data
```

Nach kurzer Zeit sollten dort Unterverzeichnisse erscheinen (z. B. für Benutzerdaten, Metadaten oder Vorschaubilder). Öffnen Sie anschließend OpenCloud im Browser, melden Sie sich an und laden Sie testweise eine Datei hoch. Taucht diese im Verzeichnis `/mnt/data` auf, ist die Einbindung erfolgreich abgeschlossen.

Kapitel 16
Radicale: Kalender & Kontakte

OpenCloud bringt von Haus aus keine eigene Kalender- oder Kontakte-Funktion mit. Das ist kein Mangel, sondern eine bewusste Designentscheidung. Statt eine weitere Groupware-Oberfläche zu bauen, setzt OpenCloud auf bewährte, offene Standards und arbeitet mit bestehenden Anwendungen zusammen.

Für Kalender und Kontakte kommt dabei Radicale[1] zum Einsatz. Radicale ist ein schlanker Open-Source-Server für CalDAV (Kalender) und CardDAV (Kontakte). Diese beiden Protokolle sind seit vielen Jahren etabliert, und nahezu alle Betriebssysteme und Clients unterstützen sie – von iOS und macOS über Android bis hin zu Thunderbird oder anderen Outlook-Alternativen.

Das Setup trennt die Aufgaben bewusst und klar:

- **OpenCloud** übernimmt Benutzerverwaltung, Authentifizierung und Zugriffssteuerung.
- **Traefik** sorgt für den sicheren Zugriff über HTTPS und leitet Anfragen an die richtigen Dienste weiter.
- **Radicale** speichert Kalender und Adressbücher und stellt sie per CalDAV und CardDAV bereit.

Voraussetzungen

Für die Integration von Kalendern und Kontakten benötigen Sie mindestens OpenCloud in Version 2.3.0. Außerdem muss Ihre OpenCloud-Installation bereits sauber laufen: Die Instanz ist über eine öffentliche Domain erreichbar, HTTPS ist aktiv, und der Zugriff funk-

1. https://radicale.org/v3.html

im Browser ohne Warnmeldungen. Diese Grundlagen haben Sie in Kapitel 14 eingerichtet.

Die Radicale-Integration ist ein Community-Feature. Sie ist nicht Teil des kommerziellen OpenCloud-Supports und wird ohne Garantie bereitgestellt. Für private Installationen, Heimserver und Self-Hosting-Setups ist sie jedoch ideal geeignet und bietet eine vollständig eigenständige Alternative zu Google- oder Apple-Diensten.

Architektur verstehen

Kalender- und Kontakte-Programme müssen nicht im Detail wissen, wie Ihr Server intern aufgebaut ist. Sie bekommen lediglich eine Internetadresse (Ihre OpenCloud-Domain) und melden sich dort an. Alles Weitere erledigt OpenCloud im Hintergrund automatisch.

Dazu nutzt OpenCloud fest definierte Adressen, sogenannte Standard-Endpunkte. Über diese erkennt ein Client: „Hier gibt es Kalender" oder „hier gibt es Kontakte". Diese Adressen beginnen mit `/caldav` und `/carddav`. Zusätzlich existieren sogenannte `.well-known`-Adressen, die speziell dafür gedacht sind, Kalender und Adressbücher automatisch zu entdecken.

> **Hinweis:**
> Sie müssen diese Adressen/Pfade in der Regel nicht selbst eingeben. Die meisten Kalender- und Kontakte-Apps erkennen sie automatisch, sobald Sie als Server einfach Ihre OpenCloud-Adresse angeben.

OpenCloud nimmt die Anfrage entgegen, prüft die Zugangsdaten und leitet alles intern an Radicale weiter. Für Sie als Anwender*in sieht es so aus, als kämen Kalender und Kontakte direkt aus OpenCloud – genau so ist es gedacht.

Radicale aktivieren

Radicale ist im OpenCloud-Setup bereits vollständig vorbereitet. Sie müssen den Dienst nicht selbst installieren oder konfigurieren, sondern lediglich aktivieren. Das geschieht über eine kleine Erweiterung der bestehenden Docker-Konfiguration.

Laufende Container stoppen

Bevor Sie Änderungen an der Docker-Konfiguration vornehmen, stoppen Sie den aktuell laufenden OpenCloud-Stack. So stellen Sie sicher, dass die neue Konfiguration sauber eingelesen wird:

```
cd /opt/opencloud/opencloud-compose

docker compose down
```

„.env"-Datei anpassen

Öffnen Sie nun die Datei `.env` im OpenCloud-Verzeichnis in einem Texteditor. Suchen Sie dort die Variable `COMPOSE_FILE`. Erweitern Sie diese Zeile um den Radicale-Baustein:

```
COMPOSE_FILE=docker-compose.yml:trae
fik/opencloud.yml:radicale/radicale.yml
```

Damit teilen Sie Docker mit, dass beim Start zusätzlich die Radicale-Konfiguration geladen werden soll.

Wenn Sie, wie im vorherigen Kapitel gezeigt, einen externen Datenträger für die OpenCloud-Nutzerdaten eingerichtet haben, dann gilt für Kalender und Kontakte dasselbe Prinzip: Auch diese Daten sollten nicht in einem internen Docker-Volume landen, sondern dauerhaft auf dem externen Speicher liegen. Legen Sie daher in der `.env` zusätzlich den Speicherort für Radicale fest. Erstellen Sie dieses Verzeichnis einmalig auf dem Raspberry Pi und setzen Sie die passenden Rechte:

```
sudo mkdir -p /mnt/data/radicale

sudo chown -R 1000:1000
/mnt/data/radicale
```

Tragen Sie den Speicherort in der `.env`-Datei ein:

```
RADICALE_DATA_DIR=/mnt/data/radicale
```

Speichern Sie die Änderungen und schließen Sie den Editor.

OpenCloud mit Radicale neu starten

Starten Sie den Stack nun erneut:

```
docker compose up -d
```

Beim Start passiert im Hintergrund automatisch Folgendes: Das Radicale-Image wird geladen, und ein zusätzlicher Radicale-Container wird gestartet. OpenCloud richtet interne Proxy-Weiterleitungen ein und reicht Zugriffe auf `/caldav` und `/carddav` an Radicale weiter.

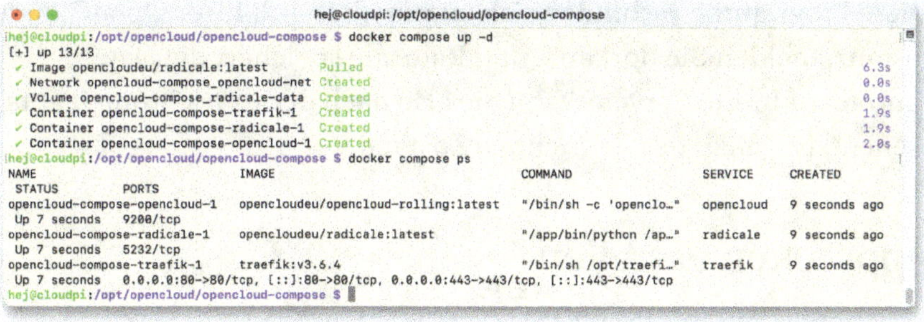

Radicale ist jetzt im OpenCloud-Stack

Radicale: Arbeiten ohne Weboberfläche

Nach der Aktivierung von Radicale passiert für viele erst einmal etwas Unerwartetes: In OpenCloud taucht kein neuer Menüpunkt für Kalender oder Kontakte auf. Es gibt keine Web-Oberfläche, keine Listen und keine Buttons zum Anlegen von Terminen oder Adressen. Das ist kein Fehler – und auch nichts, was Sie übersehen haben.

Der Grund dafür ist das Zusammenspiel der einzelnen Komponenten. OpenCloud ist bewusst keine klassische Groupware mit eigener Kalender- und Kontakte-Ansicht im Browser. Stattdessen übernimmt OpenCloud nur die Dinge, die zentral und sicher sein müssen: Benutzerkonten, Anmeldung und Zugriffsrechte. Alles andere wird an spezialisierte Programme (Clients) ausgelagert.

Radicale arbeitet dabei vollständig im Hintergrund, speichert Kalender und Kontakte und stellt sie über CalDAV und CardDAV bereit. Diese Standards sind genau dafür gedacht, dass vorhandene Anwendungen – etwa auf dem Smartphone oder dem Desktop – darauf zugreifen können. Die eigentliche Arbeit passiert also immer im Client, nicht im Browser. Konkret heißt das:

- Sie bearbeiten Ihre Termine in der Kalender-App Ihres Smartphones.
- Sie pflegen Kontakte in der Kontakte-App Ihres Betriebssystems.

Diese Programme verbinden sich automatisch mit Ihrer OpenCloud-Instanz, melden Sie dort an – und Radicale speichert die Daten zentral auf Ihrem Server. Wenn Sie also nach der Einrichtung nichts „sehen", ist genau das der richtige Zustand.

App-Token erstellen

Kalender- und Kontakte-Programme melden sich technisch anders an als ein Webbrowser. Während Sie sich im Browser ganz normal mit Benutzername und Passwort bei OpenCloud anmelden, unterstützen die meisten CalDAV- und CardDAV-Clients keine solche Anmeldung. Würden Sie hier Ihr normales Passwort verwenden, müssten Sie es dauerhaft in mehreren Apps hinterlegen – das wäre unsicher und unpraktisch.

OpenCloud löst dieses Problem mit sogenannten App-Tokens. Ein App-Token ist ein spezielles, zufällig erzeugtes Passwort, das nur für einen bestimmten Zweck gilt – etwa für Kalender oder Kontakte auf einem einzelnen Gerät.

> 💡 **Tipp:**
> Ein App-Token ersetzt Ihr normales Passwort, ohne es preiszugeben. Jedes Gerät kann ein eigenes Token erhalten, und App-Tokens können Sie gezielt widerrufen.

Um ein App-Token zu erstellen, melden Sie sich im Browser bei OpenCloud an. Öffnen Sie anschließend die Benutzereinstellungen (über Ihr Profilbild oder den Benutzernamen) und wählen Sie *App Tokens* in der linken Seitenleiste.

Klicken Sie auf *Neu*. Im sich öffnenden Dialog vergeben Sie eine Notiz (z. B. *iPhone Kalender*) und setzen ein Ablaufdatum. Dieses ist Pflicht. Für dauerhaft genutzte Geräte wie Smartphones oder Desktop-Rechner empfiehlt es sich, ein Datum weit in der Zukunft zu wählen, etwa ein Jahr.

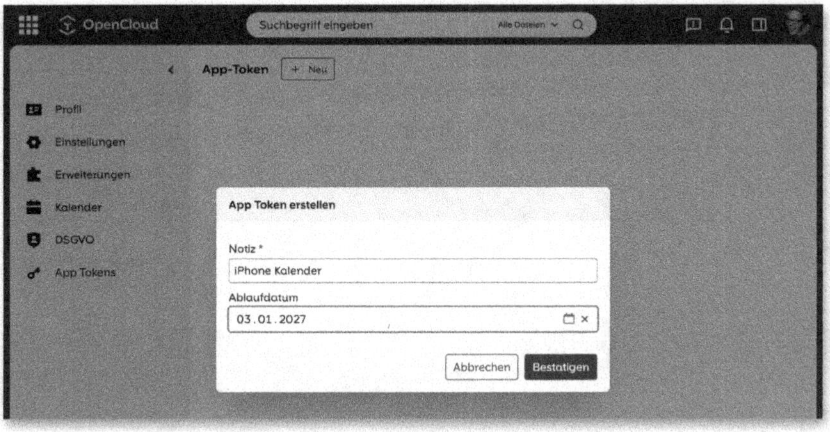

Definieren Sie einen Namen und ein Ablaufdatum.

Sie müssen das Token nicht regelmäßig erneuern, solange es gültig ist. Erst nach Ablauf ist ein neues Token erforderlich. Bestätigen Sie den Dialog. OpenCloud zeigt das erzeugte Token nur einmal an. Kopieren Sie es sofort an einen sicheren Ort – später können Sie es nicht mehr anzeigen.

Wie geht's weiter?

Nachdem Radicale nun aktiv ist und App-Tokens zur Verfügung stehen, fehlt nur noch der letzte Schritt: die Einbindung von Kalendern und Kontakten in die Endgeräte. Da sich die Einrichtung und insbesondere der Umgang mit bestehenden Daten je nach Betriebssystem deutlich unterscheidet, gehen die nächsten beiden Kapitel getrennt vor.

Das folgende Kapitel beschreibt ausführlich die Einrichtung und Migration auf Apple-Geräten mit macOS und iOS – einschließlich des einmaligen Exports bestehender iCloud-Kalender und -Kontakte sowie der anschließenden Umstellung auf CalDAV und CardDAV über OpenCloud. Das darauffolgende Kapitel behandelt die Anbindung unter Android, inklusive der dort üblichen DAV-Clients und der Unterschiede im täglichen Arbeiten.

Kapitel 17
Apple-Geräte verbinden

In diesem Kapitel stellen Sie Kalender und Kontakte auf Apple-Geräten vollständig von iCloud auf OpenCloud um. Sie übernehmen vorhandene Termine und Adressbücher einmalig und nutzen anschließend OpenCloud als zentrale Quelle für die Synchronisation über CalDAV und CardDAV.

Der Ablauf ist bewusst so strukturiert: Sie exportieren bestehende Daten aus iCloud, richten auf macOS und iOS neue CalDAV- und CardDAV-Accounts ein und importieren die Daten in diese neuen Konten. Ab diesem Zeitpunkt arbeiten Ihre Geräte direkt mit Open-Cloud – iCloud ist für Kalender und Kontakte nicht mehr beteiligt.

Voraussetzung für dieses Kapitel ist eine funktionierende Open-Cloud-Installation mit aktiviertem Radicale-Dienst sowie vorhandene App-Tokens für den Zugriff über Kalender- und Kontakte-Apps. Diese Grundlagen haben Sie im vorherigen Kapitel geschaffen.

> **Hinweis:**
> Import ist nicht gleich Synchronisation: Der Import erfolgt einmalig in einer Client-App, die Synchronisation läuft danach dauerhaft und automatisch im Hintergrund.

Vorbereitung auf die Migration

Bevor Sie mit der Migration beginnen, lassen Sie iCloud für Kalender und Kontakte auf allen Geräten aktiv. Deaktivieren Sie in diesem Stadium noch nichts. Die vorhandenen Daten übernehmen Sie zunächst vollständig; erst danach lösen Sie die iCloud-Anbindung.

Für die Migration empfiehlt es sich, macOS als zentrales Arbeitsgerät zu verwenden. Der Export und Import von Kalendern und Kontakten ist dort am zuverlässigsten und besser kontrollierbar als auf iOS. iPhone und iPad binden Sie anschließend einfach an die bereits migrierten Daten an.

Erstellen Sie vorab die benötigten App-Tokens in OpenCloud (siehe vorheriges Kapitel). Für eine klare Trennung und bessere Kontrolle empfiehlt es sich, separate Tokens für Kalender (CalDAV) und Kontakte (CardDAV) zu verwenden. So können Sie Zugriffe später gezielt widerrufen oder neu vergeben.

Bestehende iCloud-Kalender exportieren

Für die Umstellung auf OpenCloud übernehmen Sie im ersten Schritt alle vorhandenen Kalender aus dem Apple-Ökosystem. Dieser Export erfolgt einmalig. Alle neuen Termine erstellen Sie später direkt über den neuen CalDAV-Account und synchronisieren sie über OpenCloud und Radicale.

Der Export kann grundsätzlich über den Mac oder das iPhone/iPad Wege erfolgen. Für eine kontrollierte Migration empfiehlt es sich jedoch, die Kalender unter macOS zu exportieren. Dort lassen sich einzelne Kalender gezielt auswählen und als Dateien sichern.

Kalender unter macOS exportieren

Öffnen Sie die Kalender-App auf Ihrem Mac. Wählen Sie in der Seitenleiste den Kalender aus, den Sie exportieren möchten. Öffnen Sie anschließend das Menü *Ablage / Exportieren / Exportieren*. Speichern Sie die Datei mit der Endung `.ics` (iCalendar) an einem beliebigen Ort. Wiederholen Sie diesen Vorgang für jeden Kalender, den Sie aus iCloud übernehmen möchten.

> 💡 **Tipp:**
> Exportieren Sie die Kalender einzeln. So bleibt die ursprüngliche Struktur erhalten, und Sie können die Termine später gezielt wieder auf mehrere Kalender verteilen.

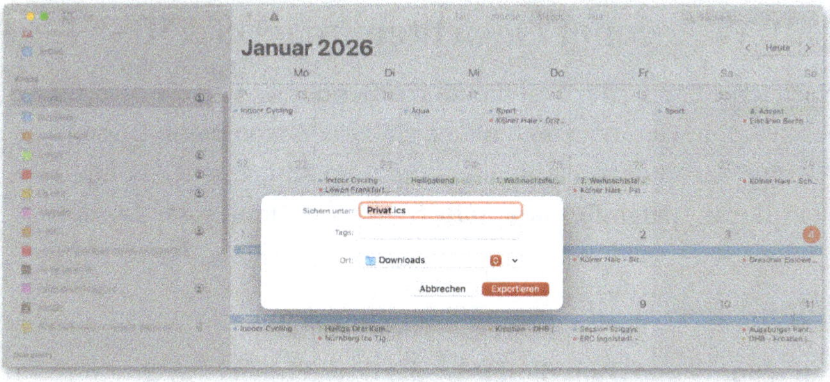

Export eines iCloud-Kalenders unter macOS

Alternative: Export über iCloud (optional)

Alternativ können Sie Kalender auch über die iCloud-Weboberfläche[1] exportieren. Dazu aktivieren Sie für den jeweiligen Kalender die Freigabe und erzeugen einen öffentlichen Kalenderlink. Dieser Link dient jedoch nur als Zwischenschritt, da OpenCloud keine Kalender direkt über URLs importiert.

Um aus einem solchen Link eine iCalendar-Datei zu erzeugen, gehen Sie wie folgt vor:

1. Kopieren Sie den Freigabe-Link in die Zwischenablage.
2. Fügen Sie den Link in die Adresszeile eines Browsers ein.
3. Ersetzen Sie am Anfang der URL `webcal:` durch `http:`.
4. Drücken Sie `[Eingabe]` und speichern Sie die `.ics`-Datei auf der Festplatte.

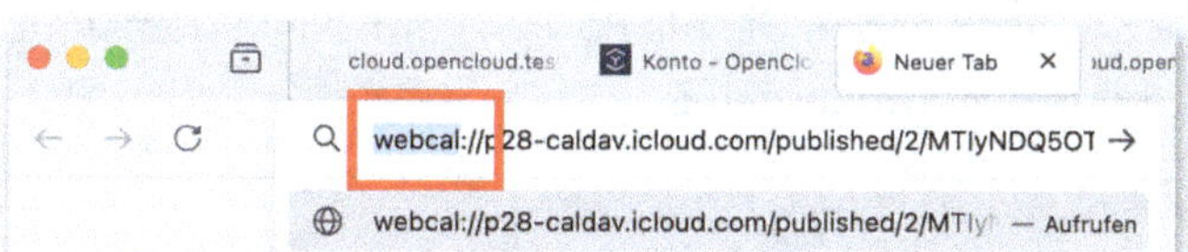

Öffentlicher iCloud-Kalenderlink im webcal://-Format

1. https://www.icloud.com

CalDAV-Account einrichten (macOS & iOS)

Nach dem Export der bestehenden Kalender richten Sie nun auf Ihren Apple-Geräten einen neuen CalDAV-Account ein. Dieser Account verbindet die Kalender-App direkt mit OpenCloud und übernimmt später die dauerhafte Synchronisation Ihrer Termine.

iPhone und iPad

Auf iPhones und iPads öffnen Sie die Einstellungen, wechseln zu *Kalender* und dort zu *Kalender-Accounts*. Über *Account hinzufügen* wählen Sie *Anderen Account hinzufügen* und dort *CalDAV-Account* aus. Als Server tragen Sie ausschließlich die Domain Ihrer OpenCloud-Installation ein, etwa `hasencloud.dedyn.io`, ohne `https://` und abschließenden Schrägstrich. Die automatische Erkennung der CalDAV-Endpunkte übernimmt OpenCloud im Hintergrund. Geben Sie anschließend Ihren OpenCloud-Benutzernamen sowie das zuvor erzeugte App-Token als Passwort ein.

> ⚠ **Warnung:**
> Achtung bei der Eingabe des App-Tokens: OpenCloud erzeugt Tokens, die Leerzeichen enthalten. Diese Leerzeichen gehören zum Token, und Sie müssen diese unbedingt eintippen. Geben Sie das Token daher von Hand ein und verwenden Sie kein Copy & Paste.

Eine Beschreibung wie *OpenCloud Kalender* hilft, den Account später eindeutig zu erkennen. Tippen Sie auf *Erweiterte Einstellungen*, aktivieren Sie SSL und geben Sie als Port 443 ein. Nach dem Tippen auf *Fertig* wird der Account angelegt.

macOS

Unter macOS erfolgt die Einrichtung über die Kalender-App. Wählen Sie im Menü *Kalender* den Eintrag *Account hinzufügen*, entscheiden Sie sich für *Anderer CalDAV-Account* und tippen Sie auf *Fortfahren*. Wählen Sie als Accounttyp *Manuell*. Tragen Sie auch hier Benutzername, Serveradresse und App-Token ein und bestätigen Sie die Anmeldung.

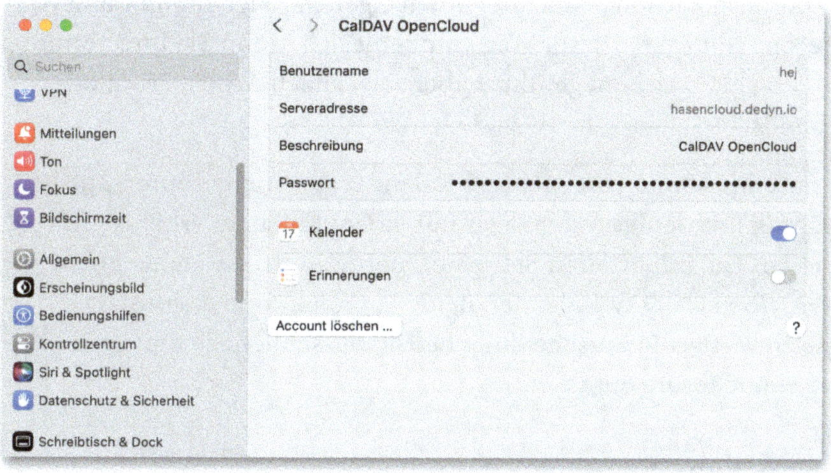

CalDAV-Account für OpenCloud in den macOS-Systemeinstellungen

Achten Sie auch hier darauf, dass App-Token von Hand einzutippen und nicht per Copy & Paste einzufügen, da Apple-Geräte dabei häufig unsichtbare Zusatzzeichen übernehmen, die den Verbindungsaufbau verhindern.

Kalenderstruktur im CalDAV-Account anlegen

Bevor Sie die exportierten Kalender importieren, legen Sie im neuen CalDAV-Account zunächst die gewünschte Kalenderstruktur an. Diese Struktur bestimmt, wie Ihre Termine künftig organisiert und auf allen Geräten angezeigt werden.

Öffnen Sie dazu die Kalender-App unter macOS. In der Seitenleiste wird nun der neu eingerichtete CalDAV-Account angezeigt. Über das Plus-Symbol oder per Rechtsklick können Sie innerhalb dieses Accounts neue Kalender anlegen. Jeder angelegte

Kalender wird automatisch über OpenCloud und Radicale synchronisiert.

An dieser Stelle treffen Sie eine organisatorische Entscheidung. Sie können die bisherige Struktur aus iCloud übernehmen und für jeden exportierten iCloud-Kalender einen eigenen Kalender im CalDAV-Account anlegen. Dieser Weg empfiehlt sich, wenn Sie Ihre Termine bislang klar getrennt geführt haben, etwa nach Arbeit, Privat oder Familie.

Alternativ können Sie mehrere Kalender zusammenführen und künftig mit weniger oder sogar nur einem Kalender arbeiten. In diesem Fall importieren Sie später mehrere `.ics`-Dateien in denselben CalDAV-Kalender. Beide Varianten sind technisch gleichwertig; die Entscheidung betrifft ausschließlich die persönliche Organisation.

> **Hinweis:**
> Wichtig ist lediglich, dass die benötigten Zielkalender vor dem Import existieren. So stellen Sie sicher, dass die Termine beim Import direkt im richtigen Kalender landen.

Kalender importieren (Client)

Nachdem Sie die gewünschte Kalenderstruktur im neuen CalDAV-Account angelegt haben, importieren Sie nun die zuvor exportierten Kalenderdateien. Dieser Schritt erfolgt ausschließlich im Client, nicht in OpenCloud selbst.

Unter macOS öffnen Sie dazu die Kalender-App. Wählen Sie in der Seitenleiste zunächst den Zielkalender innerhalb des CalDAV-Accounts aus, in den die Termine importiert werden sollen. Öffnen Sie anschließend das Menü *Ablage / Importieren* und wählen Sie die passende `.ics`-Datei aus. Die enthaltenen Termine werden direkt in den ausgewählten Kalender übernommen und sofort über Open-Cloud synchronisiert.

Wiederholen Sie diesen Vorgang für jede exportierte `.ics`-Datei. Wenn Sie mehrere Kalender zusammenführen möchten, importieren Sie entsprechend mehrere Dateien in denselben CalDAV-Kalender. Achten Sie darauf, vor jedem Import den richtigen Zielkalender auszuwählen, da Sie die Zuordnung nachträglich nur mit zusätzlichem Aufwand ändern können.

Alternativ können Sie Kalender auch unter iOS importieren, etwa indem Sie eine `.ics`-Datei über Mail, AirDrop oder die Dateien-App öffnen und einem Kalender hinzufügen. Für eine kontrollierte Migration empfiehlt sich jedoch der Import unter macOS, da dort die Auswahl des Zielkalenders transparenter ist.

iCloud-Kalender deaktivieren

Nachdem Sie alle Kalender erfolgreich in den neuen CalDAV-Account importiert haben und die Termine korrekt angezeigt werden, können Sie die iCloud-Kalender endgültig deaktivieren. Ab diesem Zeitpunkt ist OpenCloud die alleinige Quelle für Ihre Kalenderdaten.

Auf dem iPhone oder iPad öffnen Sie die Einstellungen, tippen oben auf Ihre Apple-ID und wechseln zu iCloud. Tippen Sie auf *In iCloud gesichert*, blättern Sie bis zum Eintrag *iCloud-Kalender* und deaktivieren Sie diesen. iOS fragt anschließend, ob die Kalender vom Gerät entfernt werden sollen. Bestätigen Sie diese Abfrage. Die Termine werden dabei lediglich aus der iCloud-Synchronisation entfernt, nicht gelöscht.

Unter macOS öffnen Sie die Systemeinstellungen, wählen Ihre Apple-ID und wechseln ebenfalls zu iCloud. Deaktivieren Sie dort den Schieberegler *iCloud-Kalender*. Auch hier werden die Kalender nicht gelöscht, sondern nur von iCloud getrennt.

Wichtig zu verstehen ist, was in diesem Schritt passiert: Ihre Termine bleiben vollständig erhalten. Sie liegen bereits im CalDAV-Account und werden über OpenCloud und Radicale synchronisiert. Durch das Deaktivieren von iCloud entfernen Sie lediglich die alte Synchronisationsquelle und vermeiden doppelte Einträge oder spätere Verwirrung durch parallel aktive Dienste.

Tipp:
Nach diesem Schritt erstellen und bearbeiten Sie neue Termine ausschließlich über den CalDAV-Account. Die Synchronisation erfolgt automatisch zwischen Ihren Geräten, ohne Beteiligung von iCloud.

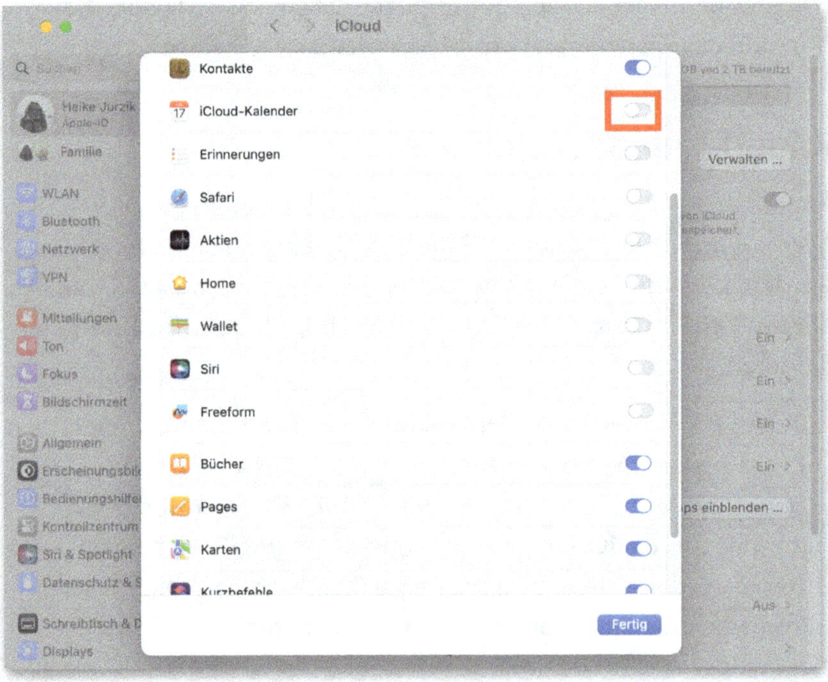

Deaktivierung der iCloud-Kalender unter macOS

Bestehende iCloud-Kontakte exportieren

Bevor Sie Ihre Kontakte über OpenCloud synchronisieren, übernehmen Sie zunächst alle bestehenden Adressbucheinträge aus iCloud. Auch dieser Schritt erfolgt einmalig. Nach der Migration werden neue Kontakte nicht mehr über iCloud, sondern ausschließlich über den neuen CardDAV-Account verwaltet.

Export über macOS/iOS

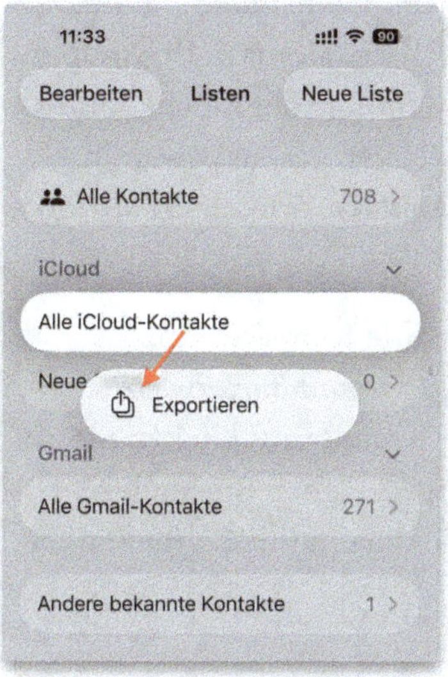

Export aller iCloud-Kontakte als vCard-Datei unter iOS

Öffnen Sie die App *Kontakte*. Markieren Sie alle Einträge und wählen Sie aus dem Menü *Ablage / Exportieren / vCard exportieren*. Speichern Sie die Datei mit der Endung `.vcf` unter einem beliebigen Namen.

In der App *Kontakte* auf Ihrem iPhone oder iPad wechseln Sie in die Übersicht und tippen lange auf *Alle iCloud-Kontakte*, bis die Option *Exportieren* erscheint. Entscheiden Sie, ob Sie die Datei sichern oder über das Menü *Teilen* per E-Mail verschicken, per AirDrop auf ein anderes Apple-Gerät übertragen.

Alternative: Export über iCloud (optional)

Der Export gelingt auch über die iCloud-Weboberfläche[2]. Melden Sie sich mit Ihrer Apple-ID an und wechseln Sie zur App *Kontakte*. Wählen Sie dort alle vorhandenen Kontakte aus und exportieren Sie diese als vCard-Datei. Die erzeugte Datei trägt die Endung `.vcf`.

CardDAV-Account einrichten (macOS & iOS)

Nachdem Sie die bestehenden Kontakte exportiert haben, richten Sie auf Ihren Apple-Geräten einen neuen CardDAV-Account ein. Über

2. https://www.icloud.com

diesen Account synchronisieren die Kontakte-App und OpenCloud künftig alle Adressbucheinträge.

Auf iPhone und iPad öffnen Sie die Einstellungen und wechseln zu *Kontakte*. Dort öffnen Sie den Bereich *Kontakteaccounts*, tippen auf *Account hinzufügen* und wählen *Anderen Account hinzufügen / CardDAV-Account*. Als Server geben Sie ausschließlich die Domain Ihrer OpenCloud-Installation an. Tragen Sie anschließend Ihren OpenCloud-Benutzernamen und das zugehörige App-Token als Passwort ein. Eine kurze Beschreibung wie *OpenCloud Kontakte* erleichtert später die Zuordnung.

Unter macOS erfolgt die Einrichtung über die Kontakte-App. Wählen Sie im Menü *Kontakte* den Eintrag *Account hinzufügen*, entscheiden Sie sich für *Anderer Kontakte-Account* und klicken Sie auf *Fortfahren*. Wählen Sie *CardDAV* und *Manuell*. Geben Sie auch hier Benutzername, Serveradresse und App-Token ein und schließen Sie die Einrichtung ab.

> ⚠ **Warnung:**
> Wie bereits beim CalDAV-Account gilt auch hier die Token-Regel: App-Tokens von OpenCloud enthalten Leerzeichen, die zum Token gehören. Geben Sie das Token daher immer manuell ein und vermeiden Sie Copy & Paste.

Kontakte importieren und zuordnen

Nachdem Sie den neuen CardDAV-Account eingerichtet haben, importieren Sie nun die zuvor exportierten Kontakte in dieses neue Adressbuch. Auch dieser Schritt erfolgt ausschließlich im Client, nicht über OpenCloud selbst.

Für die Migration empfiehlt sich der Import unter macOS. Öffnen Sie dazu die Kontakte-App und wählen Sie in der Seitenleiste zunächst den CardDAV-Account aus. Damit stellen Sie sicher, dass die Kontakte direkt dem richtigen Adressbuch zugeordnet werden.

Öffnen Sie anschließend das Menü *Ablage / Importieren* und wählen Sie die zuvor gespeicherte `.vcf`-Datei aus. Die enthaltenen Kontakte werden nun in den CardDAV-Account übernommen und automatisch über OpenCloud synchronisiert.

Nach dem Import empfiehlt es sich, den CardDAV-Account als Standardaccount für neue Kontakte festzulegen. Öffnen Sie dazu in der Kontakte-App die Einstellungen und wählen Sie unter *Allgemein* den CardDAV-Account als Standard aus. Ab diesem Zeitpunkt werden neu angelegte Kontakte automatisch im OpenCloud-Adressbuch gespeichert und auf alle angebundenen Geräte synchronisiert.

iCloud-Kontakte deaktivieren

Nachdem Sie alle Kontakte erfolgreich in den neuen CardDAV-Account importiert haben, können Sie die iCloud-Synchronisation für Kontakte endgültig deaktivieren. Ab diesem Zeitpunkt ist OpenCloud die zentrale Quelle für alle Adressbucheinträge.

Auf iPhone und iPad öffnen Sie die Einstellungen, tippen auf Ihre Apple-ID und wechseln zu *iCloud*. Deaktivieren Sie dort den Schalter *Kontakte*. iOS fragt anschließend, ob die Kontakte vom Gerät entfernt werden sollen. Bestätigen Sie diese Abfrage. Die Kontakte werden dabei nicht gelöscht, sondern lediglich aus der iCloud-Synchronisation entfernt.

Unter macOS öffnen Sie die Systemeinstellungen, wählen Ihre Apple-ID und wechseln ebenfalls zu *iCloud*. Deaktivieren Sie dort die Option *Kontakte*. Auch hier gilt: Die Kontakte bleiben erhalten und liegen weiterhin im CardDAV-Account, sie werden lediglich nicht mehr über iCloud synchronisiert.

Prüfen Sie nach dem Deaktivieren von iCloud, ob die Kontakte weiterhin in der Kontakte-App sichtbar sind. Öffnen Sie dazu einen beliebigen Kontakt und stellen Sie sicher, dass als Quelle der CardDAV-Account angezeigt wird.

Kapitel 18
Android-Geräte verbinden

In diesem Kapitel stellen Sie Kalender und Kontakte auf Android-Geräten von Google-Diensten auf OpenCloud um. Im Unterschied zu iOS und macOS bringt Android keine native Unterstützung für CalDAV und CardDAV mit. Für die Anbindung an OpenCloud ist daher eine zusätzliche App erforderlich, die als Bindeglied zwischen dem Gerät und dem Server fungiert. Diese Aufgabe übernimmt DAVx^5[1], eine etablierte Open-Source-Anwendung für den Abgleich von Kalendern und Kontakten.

Der Ablauf folgt einem klaren Muster: Zunächst exportieren Sie vorhandene Kalender und Kontakte aus Ihrem Google-Account. Anschließend richten Sie auf dem Android-Gerät einen neuen DAVx^5-Account ein, der OpenCloud als Synchronisationsquelle verwendet. Nach dem Import der Daten arbeiten Ihre Android-Geräte direkt mit OpenCloud; Google-Kalender und Google-Kontakte sind für die Synchronisation nicht mehr erforderlich.

Voraussetzung für dieses Kapitel ist eine funktionierende OpenCloud-Installation mit aktiviertem Radicale-Dienst sowie vorhandene App-Tokens für den Zugriff über CalDAV und CardDAV. Die Vorbereitungen beschreibt Kapitel 16 ausführlich.

> ℹ️ **Hinweis:**
> Auch unter Android gilt: Der Import vorhandener Daten erfolgt einmalig. Die Synchronisation zwischen Gerät und OpenCloud läuft anschließend dauerhaft und automatisch im Hintergrund.

---

1. https://www.davx5.com/

Google-Kalender exportieren

Die in Ihrem Google-Account vorhandenen Kalender exportieren Sie komfortabel über die Google-Website[2]. Da Sie bei der Registrierung eines Android-Geräts wahrscheinlich einen Google-Account angelegt haben, können Sie diesen nun einfach nutzen. Melden Sie sich auf der Google-Website mit Ihren Zugangsdaten an. Öffnen Sie das Google-Apps-Menü und wählen Sie den Eintrag *Kalender* aus.

Auf der linken Seite sehen Sie alle eigenen und abonnierten Kalender, rechts die Tages-, Wochen- oder Monatsansichten. Klicken Sie oberhalb rechts auf das Icon mit dem Zahnrad, um zu den *Einstellungen* zu gelangen. Wählen Sie dann *Kalender exportieren*.

> **Hinweis:**
> In der Voreinstellung sind alle Kalender für den Export markiert – es gibt hier keine Möglichkeit, nur einzelne Kalender abzuspeichern.

Klicken Sie auf *Exportieren* und speichern Sie die Datei mit der Endung `.zip` auf der Festplatte. Diese Datei enthält für jeden Kalender eine separate `.ics`-Datei. Entpacken Sie die ZIP-Datei, bevor Sie die enthaltenen Kalender importieren.

Google-Adressbuch exportieren

Wählen Sie in der Weboberfläche die App *Kontakte* aus, um das Adressbuch zu öffnen. Klicken Sie über der Kontaktliste auf den Pfeil, um den Dialog *Kontakte exportieren* zu öffnen. Markieren Sie die Option *vCard für Android und iOS* und klicken Sie auf *Exportieren.* Wenn Sie nur bestimmte Adressbucheinträge exportieren möchten, dann wählen Sie diese vorher aus und entscheiden sich im

2. https://www.google.com/

Drop-down-Menü für *Ausgewählte Kontakte*. Die exportierten Kontakte werden als `.vcf`-Datei gespeichert.

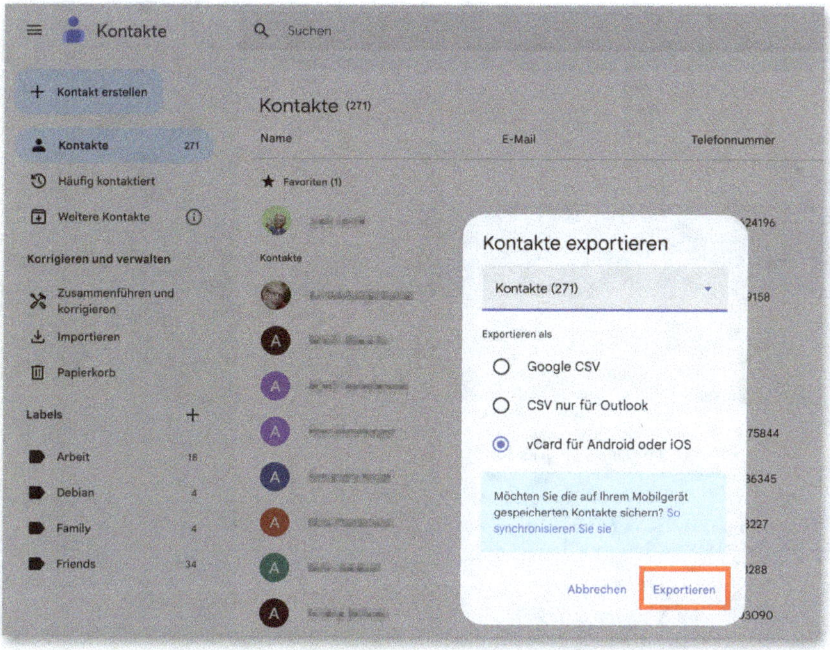

Export von Kontakten als vCard-Datei über Google Kontakte

DAVx⁵ installieren und konfigurieren

Anders als Apple-Geräte, die eine Einrichtung von CalDAV und CardDAV direkt über die Einstellungen ermöglichen, unterstützt Android von Haus aus die beiden Protokolle nicht. Daher benötigen Sie für Android-Smartphones und -Tablets eine zusätzliche App.

DAVx^5 synchronisiert Kalender und Kontakte zwischen Android-Geräten und CalDAV/CardDAV-Servern und steht kostenfrei als APK bei F-Droid[3] sowie kostenpflichtig im Google Play Store (ca. 6 Euro) zum Download bereit.

3. https://f-droid.org/packages/at.bitfire.davdroid/

Android-Geräte verbinden

Installieren und starten Sie die App DAVx⁵; je nach Android-Gerät und Version bestätigen Sie anschließend für die App, dass diese auf die Kalender und Kontakte zugreifen darf.

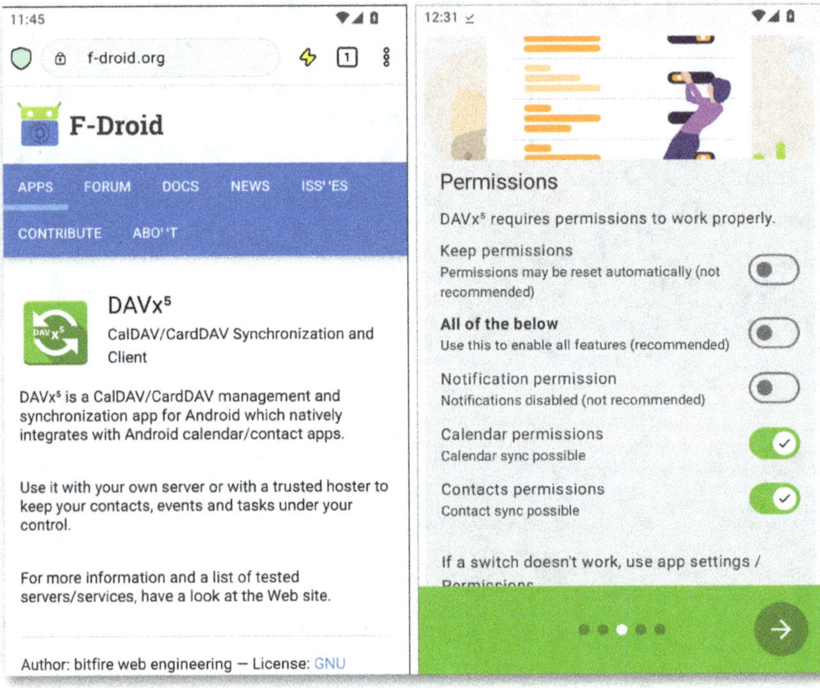

Installation von DAVx⁵ über F-Droid (links) und erforderliche Berechtigungen für Kalender- und Kontaktabgleich (rechts)

Tippen Sie auf das grüne Pluszeichen, um einen neuen Account zu erstellen. Wählen Sie *Login with URL and user name* (Anmeldung mit URL und Benutzername). Geben Sie bei *Base URL* die Adresse Ihrer OpenCloud-Instanz ein, z. B. `https://hasencloud.dedyn.io/`. Füllen Sie die Felder für den Benutzernamen und das Passwort aus. Als Passwort verwenden Sie das zuvor erzeugte App-Token, nicht Ihr normales OpenCloud-Passwort. Tippen Sie dann auf *Login*. Abschließend setzen Sie im Feld *Account name* eine Beschreibung ein, z. B. *OpenCloud*. Tippen Sie auf *Finish*, um die Einrichtung abzuschließen. Danach wird der Account gespeichert und DAVx⁵ ruft die verfügbaren Kalender und Adressbücher vom Server ab.

Auf den beiden Reitern CalDAV und CardDAV wählen Sie nun per Schieberegler aus, welche Kalender und Kontakte Sie abgleichen möchten. Über die Standard-Apps für Kalender und Adressbücher sind die Daten anschließend unter Android erreichbar.

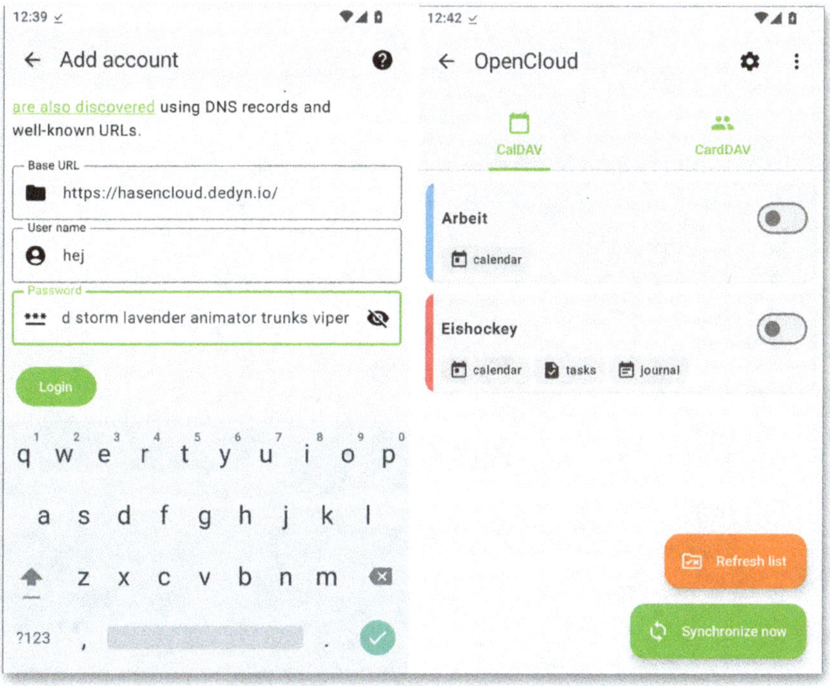

Einrichtung eines OpenCloud-Accounts in DAVx^5 (links) und Auswahl der zu synchronisierenden Kalender und Kontakte (rechts)

Tipp:
Über das Refresh-Symbol unten rechts starten Sie die Synchronisation von Hand. Sie können die App aber auch so einrichten, dass diese stets im Hintergrund ausgeführt wird. Beachten Sie, dass sich das auf die Akkulaufzeit des Geräts auswirken kann.

Kapitel 19
Native OpenCloud-Apps

Neben dem Zugriff über den Webbrowser stellt OpenCloud auch native Anwendungen für Desktop- und Mobilgeräte bereit. Diese Apps richten sich primär an Anwender*innen, die ihre Dateien komfortabel synchronisieren und offline nutzen möchten.

Wichtig ist dabei die klare Abgrenzung: Die nativen OpenCloud-Apps sind keine Groupware-Clients. Kalender und Kontakte werden weiterhin über spezialisierte Anwendungen und die Protokolle CalDAV und CardDAV genutzt, wie in den vorherigen Kapiteln beschrieben.

Desktop-App: Dateien synchronisieren

Für die Arbeit am Desktop stellt OpenCloud eine native Anwendung für Windows, macOS und Linux bereit:

- **Windows:** https://apps.microsoft.com/detail/9pbx43hcmldq?mode=direct
- **macOS Apple Silicon:** https://github.com/opencloud-eu/desktop/releases/download/v2.0.0/OpenCloud_Desktop-v2.0.0-macos-clang-arm64.pkg
- **macOS Intel:** https://github.com/opencloud-eu/desktop/releases/download/v2.0.0/OpenCloud_Desktop-v2.0.0-macos-clang-x86_64.pkg
- **Linux:** https://github.com/opencloud-eu/desktop/releases/download/v2.0.0/OpenCloud_Desktop-v2.0.0-linux-gcc-x86_64.AppImage

Nach der Installation verbindet sich die App mit Ihrer OpenCloud-Instanz und legt auf dem System einen lokalen Ordner an. Alle

Dateien, die Sie dort ablegen oder bearbeiten, werden automatisch mit dem Server abgeglichen. Umgekehrt erscheinen Dateien, die Sie über den Browser oder andere Geräte in OpenCloud speichern, zeitnah auch auf dem Desktop. Für Sie fühlt sich OpenCloud damit wie ein ganz normales Verzeichnis auf dem eigenen Rechner an.

Die Desktop-App eignet sich besonders für den täglichen Umgang mit Dokumenten, Fotos oder Projektdateien. Änderungen werden im Hintergrund synchronisiert, sodass Sie auch offline arbeiten können. Sobald wieder eine Verbindung besteht, gleicht die App die lokalen Änderungen automatisch mit dem Server ab.

> 💡 **Tipp:**
> Die Installation der Desktop-App verändert nichts an Ihrer bestehenden OpenCloud-Konfiguration. Sie können die App parallel zum Webbrowser nutzen oder jederzeit wieder entfernen, ohne dass Daten verloren gehen.

Mobile App: Dateien unterwegs

Neben der Desktop-Anwendung bietet OpenCloud auch native Apps für Android und iOS an. Diese mobilen Apps ermöglichen den Zugriff auf Ihre Dateien von unterwegs und ergänzen den Webzugang sinnvoll auf Smartphone und Tablet.

Über die mobile App können Sie Dateien durchsuchen, herunterladen, hochladen und ausgewählte Inhalte offline verfügbar machen. Fotos oder Dokumente lassen sich direkt vom Mobilgerät in OpenCloud speichern, etwa um sie später am Desktop weiterzuverarbeiten. Damit eignet sich die App gut für den mobilen Alltag, etwa auf Reisen oder im beruflichen Einsatz.

Auch bei den mobilen Apps gilt die gleiche Designentscheidung wie bei der Desktop-Version: Die OpenCloud-App ist kein Groupware-Client. Kalender und Kontakte werden nicht innerhalb der App angezeigt oder bearbeitet. Stattdessen greifen Android- und iOS-

Geräte weiterhin auf die systemeigenen Kalender- und Kontakte-Apps zurück, die Sie zuvor über CalDAV und CardDAV mit Open-Cloud verbunden haben.

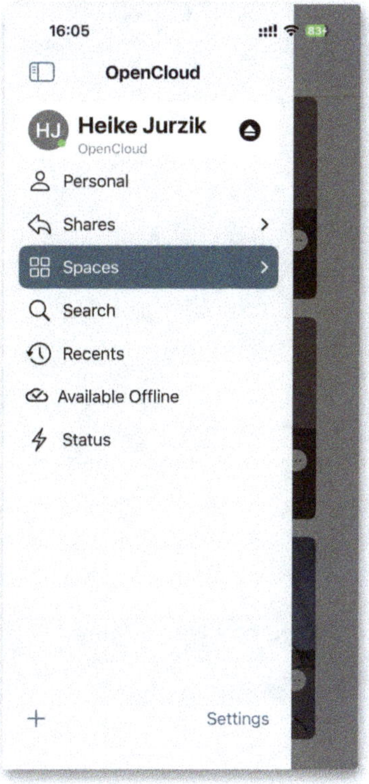

OpenCloud-App unter iOS mit Navigationsleiste

Diese Trennung ist bewusst gewählt. Sie sorgt dafür, dass jede Aufgabe von der jeweils dafür vorgesehenen Anwendung erledigt wird: Open-Cloud für Dateien, spezialisierte Clients für Termine und Adressbücher. Für Sie als Anwenderin oder Anwender ergibt sich daraus ein klarer, übersichtlicher Arbeitsfluss ohne doppelte Funktionen oder konkurrierende Synchronisationsmechanismen.

Die mobilen OpenCloud-Apps sind damit eine praktische Ergänzung für den Dateizugriff unterwegs, ersetzen jedoch nicht die in den vorherigen Kapiteln eingerichteten Synchronisationslösungen für Kalender und Kontakte.

Kapitel 20
Weboffice: Collabora Online

OpenCloud ist mehr als ein sicherer Ablageort für Dateien. Es ist die zentrale Arbeitsumgebung, in der Sie Inhalte mit anderen Anwender*innen gemeinsam nutzen, versionieren und bearbeiten. Dokumente liegen nicht nur im Cloud-Speicher – sie bleiben dort auch während der Bearbeitung.

Für das Arbeiten an Texten, Tabellen und Präsentationen integriert OpenCloud Collabora Online[1]. Sie können Dokumente direkt aus der Dateiansicht im Browser öffnen, bearbeiten und teilen. Änderungen werden automatisch gespeichert und versioniert, ganz ohne zusätzliche Software auf dem eigenen Rechner.

OpenCloud übernimmt dabei die Organisation: Dateien, Zugriffsrechte, Freigaben und Versionen. Collabora ergänzt genau dort, wo Inhalte entstehen: beim Schreiben, Rechnen und Präsentieren. Für Anwender*innen fühlt sich das wie eine OpenCloud-Funktion an, auch wenn technisch ein eigener Dienst dahintersteht.

In diesem Kapitel aktivieren Sie Collabora Online in Ihrer OpenCloud-Installation und schaffen die Grundlage für gemeinsames Arbeiten an Office-Dokumenten direkt im Browser.

Voraussetzungen und Architekturüberblick

Damit Collabora Online reibungslos mit OpenCloud zusammenarbeitet, benötigen Sie eine laufende OpenCloud-Instanz, die über eine öffentliche Domain erreichbar ist. Der Zugriff erfolgt ausschließlich verschlüsselt über HTTPS, bereitgestellt durch Traefik oder einen

---

1. https://www.collaboraonline.com/de/

vergleichbaren Reverse Proxy. Diese Voraussetzungen haben Sie bereits in den vorherigen Kapiteln geschaffen.

Für den Betrieb von Collabora kommen zusätzlich zu Ihrer Open-Cloud-Domain zwei weitere Adressen ins Spiel. Neben der Hauptdomain für OpenCloud selbst benötigt Collabora eine eigene Subdomain für die Weboberfläche sowie eine weitere Subdomain für den sogenannten WOPI-Server (Web Application Open Platform Interface).

> **Hinweis:**
> Der WOPI-Dienst bildet die technische Schnittstelle zwischen OpenCloud und Collabora und sorgt dafür, dass Sie Dokumente sicher öffnen, bearbeiten und speichern können.

In der Praxis bedeutet das: Sie verwenden drei klar getrennte Domains oder Subdomains – eine für OpenCloud, eine für Collabora und eine für den WOPI-Server. Wenn Sie beim Einrichten von DynDNS (siehe Kapitel 14) bereits eine Wildcard-Subdomain (`*.example.de`) konfiguriert haben, können Sie diese Struktur jetzt direkt nutzen. Zusätzliche DNS-Einträge sind in diesem Fall nicht erforderlich.

Die Zusammenarbeit der einzelnen Komponenten lässt sich vereinfacht so beschreiben:

1. Der Browser stellt die Verbindung zu OpenCloud her.
2. OpenCloud prüft Zugriffsrechte, verwaltet Dateien und Versionen und leitet Bearbeitungsanfragen an den WOPI-Server weiter.
3. Der WOPI-Server übernimmt die Kommunikation mit Collabora Online, das die eigentliche Bearbeitung der Dokumente im Browser ermöglicht.
4. Änderungen fließen anschließend denselben Weg zurück; OpenCloud versioniert und speichert sie.

Sie müssen für dieses Zusammenspiel kein detailliertes Docker- oder Netzwerkverständnis mitbringen. Wichtig ist lediglich, dass die Domains korrekt erreichbar sind und HTTPS funktioniert. Die OpenCloud-Installation übernimmt die interne Verknüpfung der Dienste automatisch.

Collabora im OpenCloud-Stack aktivieren

Collabora Online ist im OpenCloud-Setup bereits vollständig vorbereitet. Sie müssen keinen zusätzlichen Dienst installieren, kein Plugin nachrüsten und keine separate Collabora-Instanz aufsetzen. Die Aktivierung erfolgt ausschließlich über die bestehende Docker-Konfiguration.

Bevor Sie Änderungen an der Konfiguration vornehmen, stoppen Sie zunächst den laufenden OpenCloud-Stack. Wechseln Sie dazu ins Verzeichnis `/opt/opencloud/opencloud-compose` und führen Sie den folgenden Befehl aus:

```
docker compose down
```

Öffnen Sie anschließend die Datei `.env` im OpenCloud-Verzeichnis in einem Texteditor. Die Variable `COMPOSE_FILE` steuert, welche Compose-Bausteine beim Start von OpenCloud geladen werden. Suchen Sie die entsprechende Zeile und ergänzen Sie sie um den Collabora-Baustein:

```
COMPOSE_FILE=docker-compose.yml:
traefik/opencloud.yml:traefik/
collabora.yml:radicale/radicale.
yml:weboffice/collabora.yml
```

Hinweis:
Achten Sie darauf, alles in eine Zeile ohne Umbrüche zu schreiben.

Damit teilen Sie Docker mit, dass beim nächsten Start zusätzlich die in `weboffice/collabora.yml` definierten Dienste geladen werden. In dieser Datei sind alle für Collabora erforderlichen Container, Abhängigkeiten und internen Verknüpfungen bereits vollständig beschrieben.

Blättern Sie in der `.env`-Datei weiter nach unten bis zur Zeile `### Collabora Settings ###`. Zunächst legen Sie die beiden benötigten Domains fest. Tragen Sie die Subdomain ein, unter der Collabora erreichbar sein soll, z. B.:

```
COLLABORA_DOMAIN=collabora.hasencloud.
dedyn.io
```

Diese Adresse stellt die Weboberfläche von Collabora bereit und wird später automatisch von OpenCloud verwendet, wenn Sie Dokumente öffnen.

Anschließend tragen Sie die Domain für den WOPI-Dienst ein:

```
WOPISERVER_DOMAIN=wopiserver.hasencloud.
dedyn.io
```

Die Felder `COLLABORA_ADMIN_USER` und `COLLABORA_ADMIN_PASSWORD` können leer bleiben. Der Administrationsbereich von Collabora ist für den normalen Betrieb nicht erforderlich und wird in diesem Setup nicht aktiv genutzt. Für typische OpenCloud-Installationen ist keine weitere Konfiguration an dieser Stelle notwendig.

Da Collabora vollständig über Traefik betrieben wird, bleibt die SSL-Verarbeitung innerhalb von Collabora deaktiviert. Belassen Sie daher die folgenden Einstellungen unverändert:

```
COLLABORA_SSL_ENABLE=false

COLLABORA_SSL_VERIFICATION=false
```

Traefik übernimmt die komplette TLS-Verschlüsselung inklusive Zertifikatsverwaltung und Weiterleitung. Eine zusätzliche SSL-Konfiguration in Collabora ist hier nicht notwendig.

Die Option `COLLABORA_HOME_MODE` können Sie ebenfalls leer lassen. Dieser Modus richtet sich an sehr kleine Installationen und schränkt die Anzahl gleichzeitig geöffneter Dokumente ein. Für die meisten OpenCloud-Setups ist er nicht erforderlich.

OpenCloud neu starten und Collabora prüfen

Nachdem Sie alle notwendigen Einstellungen vorgenommen haben, starten Sie den OpenCloud-Stack nun neu:

```
docker compose up -d
```

Beim Start werden nun zusätzlich zu OpenCloud und Radicale auch die Collabora-Dienste hochgefahren. Das kann beim ersten Start etwas länger dauern, da Docker das Collabora-Image lädt und initialisiert.

Geben Sie `docker compose ps` ein, um alle laufenden Dienste aufzulisten. Der Container `collabora` sollte nach kurzer Zeit den

Status `healthy` anzeigen. Dieser Healthcheck prüft intern, ob Collabora korrekt gestartet ist und auf Anfragen reagiert.

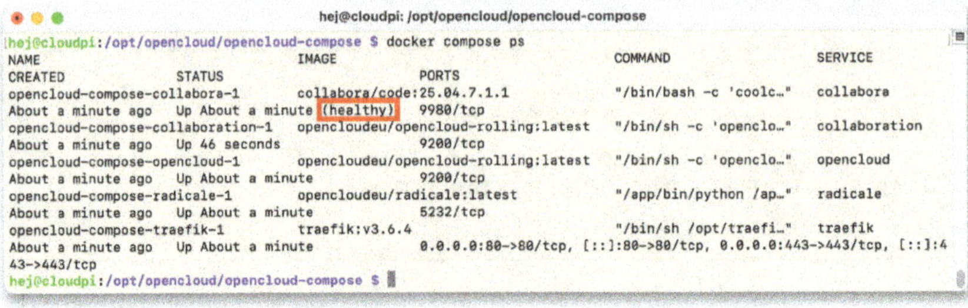

Collabora-Container mit erfolgreichem Healthcheck

Noch wichtiger ist der Funktionstest in OpenCloud selbst. Melden Sie sich im Browser an Ihrer OpenCloud-Instanz an, öffnen Sie einen vorhandenen Text-, Tabellen- oder Präsentationsdatei (z. B. `.odt`, `.docx` usw.). Das Dokument sollte sich direkt im Browser öffnen und bearbeitbar sein.

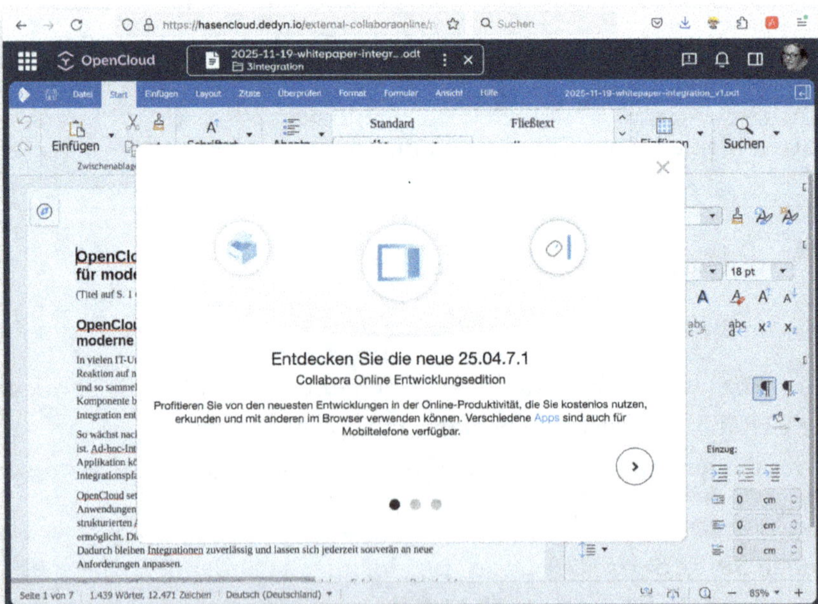

Textdokument in Collabora Online unter OpenCloud

Arbeiten mit Collabora in OpenCloud

Nach der Aktivierung steht Collabora allen OpenCloud-Anwender*innen zur Verfügung. Sie arbeiten mit Dokumenten dort, wo sie gespeichert sind – im Browser, ohne zusätzliche Programme und ohne lokale Kopien.

Dokumente öffnen

Um ein Dokument zu bearbeiten, klicken Sie es einfach in der Dateiliste von OpenCloud an. Unterstützte Dateien öffnen sich automatisch in Collabora Online in einem neuen Tab oder Fenster. Es ist kein *Öffnen mit* nötig: OpenCloud erkennt selbst, dass das Dokument mit Collabora bearbeitet werden kann.

Unterstützte Dateiformate

Collabora Online unterstützt zahlreiche gängige Office-Formate. Dokumente werden direkt im Browser geöffnet und bearbeitet; beim Speichern bleiben sie im ursprünglichen Format erhalten.

- **Textdokumente:** `.odt`, `.doc`, `.docx`, `.rtf`, `.txt`
- **Tabellen:** `.ods`, `.xls`, `.xlsx`, `.csv`
- **Präsentationen:** `.odp`, `.ppt`, `.pptx`
- **Zeichnungen & Diagramme:** `.odg`, `.vsd`, `.vsdx`
- **Formulare & Vorlagen:** `.ott`, `.ots`, `.otp`, `.dot`, `.dotx`, `.xlt`, `.xltx`, `.pot`, `.potx`

Tipp:
Die meisten gängigen Office-Dokumente können Sie problemlos bearbeiten. Bei sehr komplexen Dateien (z. B. mit Makros oder Spezialfunktionen) kann es sein, dass nicht jede Funktion verfügbar ist.

Gemeinsames Arbeiten in Echtzeit

Collabora ist für Zusammenarbeit gemacht. Öffnen mehrere Nutzer*innen dasselbe Dokument, sehen Sie farbige Cursor und Markierungen der anderen Personen, Änderungen nahezu in Echtzeit und wer gerade im Dokument aktiv ist (Klick auf die Avatare oben rechts).

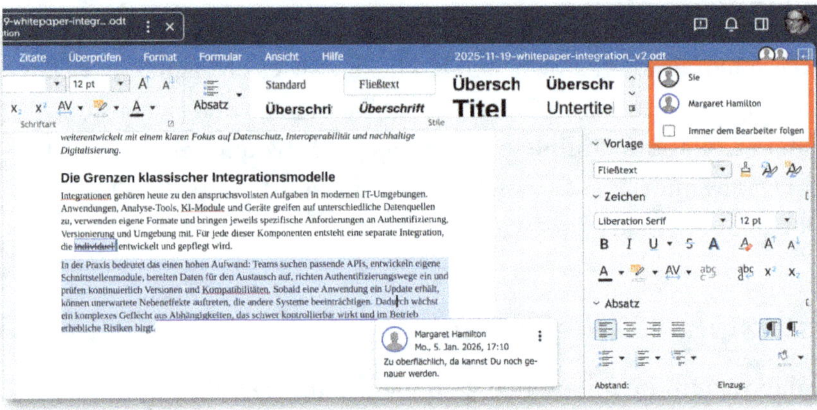

Gemeinsames Bearbeiten eines Dokuments in Collabora Online

Alle arbeiten auf demselben Stand. Es entstehen keine konkurrierenden Datei, und es ist nicht nötig, Dokumente manuell zusammenzuführen.

Automatisches Speichern und Versionierung

Während der Bearbeitung speichert Collabora Änderungen automatisch. Sie müssen nicht aktiv speichern. OpenCloud übernimmt im Hintergrund die Versionierung: Frühere Stände bleiben erhalten, und Sie können diese bei Bedarf wiederherstellen. Das gibt Sicherheit, auch wenn mehrere Personen gleichzeitig arbeiten oder versehentlich etwas überschrieben wird. Öffnen Sie in OpenCloud die Detailansicht einer Datei und dort die Abteilung *Versionen*.

Bilder direkt aus OpenCloud einfügen

Beim Einfügen von Bildern greift Collabora direkt auf Ihre Dateien in OpenCloud zu. Sie können Grafiken und Fotos auswählen, ohne diese vorher lokal herunterzuladen. Die Dateien bleiben zentral gespeichert und werden sauber im Dokument referenziert.

Hinweise zum Start von Collabora

Beim ersten Test tauchen häufig Situationen auf, die zunächst wie Fehler wirken, aber harmlos sind. Eine kurzzeitig leere oder weiße Seite beim Öffnen eines Dokuments ist normal. Collabora initialisiert die Bearbeitungsumgebung im Hintergrund; nach wenigen Sekunden sollte der Editor erscheinen. Wenn ein Dokument nicht sofort lädt, warten Sie einen Moment und laden Sie die Seite neu. Besonders beim ersten Dokument nach dem Start benötigt Collabora etwas Anlaufzeit.

Eine Zertifikatswarnung tritt meist dann auf, wenn Domains nicht korrekt aufgelöst werden oder SSL/TLS-Zertifikate noch nicht vollständig ausgestellt sind (z. B. kurz nach dem ersten Start mit Let's Encrypt). Prüfen Sie in diesem Fall, ob alle verwendeten Domains korrekt auf Ihren Server zeigen und HTTPS in OpenCloud ohne Warnung funktioniert.

Öffnet sich dauerhaft kein Dokument im Browser, erscheint wiederholt nur eine leere Seite oder zeigt der `collabora`-Container keinen `healthy`-Status, liegt fast immer ein Konfigurationsproblem vor. Häufige Ursachen sind falsch gesetzte Domains, fehlende DNS-Einträge oder Tippfehler in der `.env`-Datei. In diesem Fall lohnt sich ein Blick in die Container-Logs:

```
docker compose logs collabora
```

Kapitel 21
Sicherheit und Datenschutz

OpenCloud bringt viele Sicherheitsfunktionen bereits von Haus aus mit. Dieses Kapitel ordnet ein, wo diese greifen, wo Ihre Verantwortung beginnt und welche Maßnahmen für den praktischen Betrieb wirklich relevant sind.

Es geht nicht um Checklisten oder Paragrafen, sondern um ein realistisches Verständnis von Verantwortung: was OpenCloud zuverlässig absichert – und wo Technik allein nicht genügt.

Sicherheitsprinzipien von OpenCloud

OpenCloud ist eine Plattform, die sichere Arbeitsweisen ermöglicht – vorausgesetzt, sie wird bewusst betrieben. Sicherheit entsteht hier nicht durch einen einzelnen Schalter, sondern durch mehrere ineinandergreifende Prinzipien.

Ein zentrales Element ist die klare Trennung von Aufgaben. OpenCloud selbst verwaltet Dateien, Benutzerkonten, Rollen und Zugriffsrechte. Andere Dienste (z. B. Kalender, Office oder Virenscanner) laufen bewusst getrennt. Dadurch bleibt die Angriffsfläche klein, und Fehler oder Probleme in einem Bereich wirken sich nicht automatisch auf das gesamte System aus.

OpenCloud setzt konsequent auf etablierte, standardisierte Protokolle. Zugriffe erfolgen über HTTPS, Daten werden nicht ungeschützt übertragen, und Berechtigungen werden serverseitig durchgesetzt. Das bedeutet: Selbst wenn ein Client oder eine App fehlerhaft arbeitet, entscheidet letztlich immer der Server, ob ein Zugriff erlaubt ist oder nicht.

Ein weiterer Grundpfeiler ist das rollenbasierte Berechtigungssystem. Dateien gehören nicht „allen“, nur weil sie im System verfügbar sind.

Zugriffe werden explizit vergeben und können jederzeit entzogen werden. Wird ein Recht entfernt, endet der Zugriff sofort – unabhängig davon, ob jemand den Link kennt oder eine Datei zuvor geöffnet hatte.

Gerade für Einsteiger*innen ist wichtig zu verstehen: Sicherheit ist kein Zustand, sondern ein Zusammenspiel mehrerer Ebenen. Eine Datei liegt nicht „öffentlich im Internet", nur weil sie geteilt wurde. Ein Link ist kein Freifahrtschein, sondern an Regeln gebunden. Und OpenCloud läuft nicht als monolithischer Block, sondern als aufgeteiltes System, in dem jeder Dienst eine klar definierte Aufgabe hat.

Diese Prinzipien bilden die Grundlage für alle weiteren Sicherheits- und Datenschutzaspekte in OpenCloud. Sie erklären, warum viele Dinge „einfach funktionieren" – und warum Sicherheit hier nicht durch Komplexität entsteht, sondern durch klare Grenzen und nachvollziehbare Regeln.

Datenschutz: Was OpenCloud speichert

OpenCloud ist so gebaut, dass Daten bei Ihnen bleiben. Nicht als Versprechen, sondern als technische Konsequenz der Architektur. Gespeichert werden nur die Dinge, die für den Betrieb notwendig sind: Ihre Dateien selbst, Metadaten wie Erstellungs- und Änderungszeitpunkte, Versionen sowie die Informationen, wer worauf zugreifen darf. Diese Daten braucht OpenCloud, um Dateien bereitzustellen, Änderungen nachzuvollziehen und Rechte korrekt durchzusetzen.

Was OpenCloud bewusst nicht speichert oder auswertet, sind Inhalte zu Analysezwecken oder Nutzungsprofile. Es gibt keine Hintergrundauswertung Ihrer Dateien, kein Tracking von Aktivitäten und keine Weitergabe von Informationen an Dritte. OpenCloud analysiert nicht, *was* Sie speichern oder *wie* Sie arbeiten – es stellt lediglich die Infrastruktur dafür bereit.

Damit unterscheidet sich OpenCloud grundlegend von vielen öffentlichen Cloud-Diensten. Ihre Daten liegen auf Ihrem Server, unter Ihrer Kontrolle. Es gibt keine versteckten Drittanbieter-Zugriffe, keine Hintergrundübertragungen und keine Nutzung der Daten für Werbung, Optimierung oder „Cloud-Intelligenz".

> **Hinweis:**
> Datenschutz entsteht nicht durch zusätzliche Häkchen oder Einwilligungen, sondern durch Zurückhaltung: OpenCloud speichert nur das, was für den Betrieb notwendig ist – und sonst nichts.

Sicherheit im Alltag

Sicherheit entscheidet sich nicht nur in der Konfiguration, sondern im täglichen Umgang mit dem System. Viele Risiken lassen sich mit einfachen, gut nachvollziehbaren Maßnahmen deutlich reduzieren – ohne Spezialwissen und ohne Perfektion.

Ein zentraler Punkt sind Zugangsdaten. Verwenden Sie für OpenCloud starke, individuelle Passwörter und geben Sie diese nicht weiter. OpenCloud erzwingt Zugriffsrechte serverseitig, aber wer sich anmelden darf, hat zunächst dieselben Möglichkeiten wie jede andere berechtigte Person.

Ebenso wichtig ist eine saubere HTTPS-Konfiguration. Achten Sie darauf, dass Zertifikate gültig sind und nicht ablaufen. Verschlüsselung schützt nicht nur Daten auf dem Weg zum Server, sondern ist die Grundlage dafür, dass Anmeldedaten und Inhalte nicht mitgelesen werden können.

Halten Sie Ihre OpenCloud-Installation aktuell. Updates schließen Sicherheitslücken, verbessern die Stabilität und sorgen dafür, dass Komponenten wie Traefik, Collabora oder Radicale sauber zusammenarbeiten. Regelmäßige Updates sind kein Luxus, sondern Teil eines verantwortungsvollen Betriebs (siehe Kapitel 23).

Backups (siehe Kapitel 22) schließlich ersetzen keine Sicherheit – sie gehören aber trotzdem dazu. Sie schützen nicht vor Angriffen, helfen jedoch, nach Fehlern, Defekten oder Fehlbedienung schnell wieder arbeitsfähig zu sein. Eine sichere OpenCloud-Installation denkt immer auch an den Fall, dass etwas schiefgeht.

All das lässt sich auf einen einfachen Punkt bringen: Sicherheit im Alltag entsteht nicht durch starre Regeln, sondern durch Aufmerksamkeit, Aktualität und bewusste Entscheidungen.

Virenschutz: Optional, aber sinnvoll

OpenCloud prüft hochgeladene Dateien standardmäßig nicht auf Schadsoftware. Das ist kein Versäumnis, sondern eine bewusste Trennung von Zuständigkeiten: OpenCloud verwaltet Dateien, Rechte und Freigaben – die eigentliche Prüfung übernimmt bei Bedarf ein separater Dienst.

> **Hinweis:**
> Virenschutz ist kein Ersatz für umsichtiges Arbeiten. Er verhindert keine schwachen Passwörter, keine unbedachten Freigaben und keine Social-Engineering-Angriffe. Dennoch ist ein serverseitiger Virenscanner in vielen Umgebungen sinnvoll oder sogar erforderlich.

Ein aktivierter Virenscanner

- schützt andere Nutzer*innen vor infizierten Dateien,
- verhindert die versehentliche Weitergabe von Schadsoftware,
- erfüllt häufig organisatorische oder institutionelle Vorgaben.

Wichtig ist die richtige Einordnung: Der Virenscanner schützt nicht den Server, sondern die Menschen, die mit den Dateien arbeiten.

ClamAV in OpenCloud

OpenCloud unterstützt den Einsatz von ClamAV[1], einem etablierten Open-Source-Virenscanner. Die Prüfung erfolgt serverseitig. Infizierte Dateien werden dabei nicht „repariert" oder in Quarantäne geschickt, sondern blockiert und vom Upload ausgeschlossen.

Virenschutz aktivieren

Die Unterstützung für ClamAV ist im OpenCloud-Setup bereits vorbereitet. Sie müssen keinen externen Scanner anbinden und keine zusätzliche Software installieren. Die Aktivierung erfolgt über die bestehende Docker-Konfiguration. Wechseln Sie in das Verzeichnis Ihrer OpenCloud-Installation und stoppen Sie den Stack:

```
docker compose down
```

Öffnen Sie die Datei `.env` im Texteditor. Suchen Sie die Variable `COMPOSE_FILE`. In Ihrem Setup ist diese bereits erweitert und enthält u. a. Traefik, Radicale und Collabora. Ergänzen Sie zusätzlich den Virenscanner-Baustein am Ende der Zeile:

```
COMPOSE_FILE=docker-compose.yml[…]:
antivirus/clamav.yml
```

So wird die Datei `antivirus/clamav.yml` beim Start geladen.

Vervollständigen Sie außerdem die Zeile `START_ADDITIONAL_SERVICES`:

1. https://www.clamav.net/

```
START_ADDITIONAL_SERVICES="antivirus"
```

Virenscanner-Einstellungen prüfen

Weiter unten finden Sie den Abschnitt `Virusscanner Settings`. Wenn Sie OpenCloud auf dem Raspberry Pi betreiben, müssen Sie das Docker-Image austauschen.

> ⚠ **Warnung:**
> Das Standard-Image `clamav/clamav:latest` steht nicht für ARM64 zur Verfügung.

Setzen Sie also explizit einen passenden Tag:

```
CLAMAV_DOCKER_TAG=1.5.1-9-arm64
```

Ändern Sie ebenfalls das Image in der Datei `antivirus/clamav.yml`. Dort sollte Folgendes stehen:

```
image: clamav/clamav-debian:${CLAMAV_
DOCKER_TAG:-latest}
```

Stack neu starten

Starten Sie den Stack anschließend neu:

```
docker compose up -d
```

Beim Start werden nun zusätzlich der ClamAV-Container sowie die notwendigen Verbindungen eingerichtet.

Funktion testen (EICAR)

Um den Virenscanner zu überprüfen, können Sie eine EICAR-Testdatei[2] verwenden. Diese Datei enthält keinen echten Schadcode, Virenscannern erkennen sie aber zuverlässig. Laden Sie die EICAR-Datei als `.txt` und auch in einer gezippten Variante (`.zip`) hoch.

In beiden Fällen sollte OpenCloud den Upload blockieren – obwohl der Upload-Client im Browser Erfolg meldet. In den Benachrichtigungen erhalten Sie Auskunft, dass potenziell schädlicher Code gefunden wurde – der Virenschutz arbeitet wie vorgesehen.

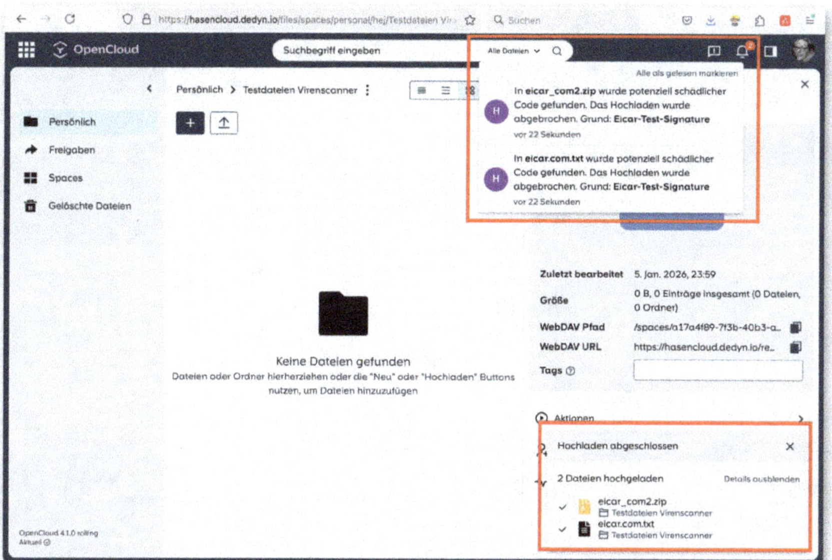

OpenCloud bricht den Upload bei einem Virenfund serverseitig ab.

2. https://www.eicar.org/download-anti-malware-testfile/

Sicherheit realistisch einschätzen

Nicht jede OpenCloud-Installation benötigt zwingend einen Virenscanner. In Mehrbenutzer-Umgebungen, Vereinen, Schulen oder kleinen Organisationen ist er jedoch eine sinnvolle Ergänzung, vor allem, um andere zu schützen und unbeabsichtigte Weitergaben von infizierten Dateien zu verhindern.

OpenCloud zwingt Ihnen diese Entscheidung nicht auf, sondern stellt die technische Grundlage bereit. Ob und wie Sie diese nutzen, entscheiden Sie selbst. Genau diese Transparenz macht den Umgang mit Sicherheit in OpenCloud nachvollziehbar und kontrollierbar.

Kapitel 22
Datensicherung: Backup

Datensicherung ist kein Sonderthema für Notfälle, sondern Teil des normalen OpenCloud-Betriebs. Dateien, Metadaten und Einstellungen liegen zwar zuverlässig auf Ihrem Server – ohne Backup sind sie im Ernstfall aber trotzdem verloren.

Dieses Kapitel zeigt, was Sie bei OpenCloud sichern sollten, wie ein konsistentes Backup aussieht und wie Sie im Ernstfall Ihre OpenCloud-Instanz wieder starten können. Es geht nicht um perfekte Backup-Architekturen, sondern um eine solide Lösung für private und kleine produktive Installationen.

Was Sie in OpenCloud sichern sollten

Ein OpenCloud-Backup besteht nicht nur aus den sichtbaren Dateien. Damit eine Wiederherstellung später wirklich funktioniert, müssen Dateien, Metadaten und Einstellungen zeitlich zusammenpassen. Die gute Nachricht: In einer typischen OpenCloud-Installation ist klar getrennt, was wo liegt – und damit auch, was Sie sichern müssen.

Zentral sind immer vier Datenbereiche: Dateiinhalte, Metadaten, Konfiguration, System- und Dienstedaten.

Dateiinhalte

Das sind die eigentlichen Inhalte: Dokumente, Bilder, Videos, Archive. In einer klassischen OpenCloud-Installation liegen sie auf dem lokalen Dateisystem. In erweiterten Setups können sie auch in einem S3-kompatiblen Speicher liegen. Ohne diese Daten ist OpenCloud leer – selbst wenn Benutzer und Ordnerstruktur noch vorhanden sind.

Metadaten

Metadaten beschreiben, wie Dateien organisiert sind: Ordnerstrukturen, Dateinamen, Versionen, Freigaben und interne Verknüpfungen. Sie sind genauso wichtig wie die Dateiinhalte selbst. Wenn Sie Metadaten nicht sichern, lassen sich Dateien nach einer Wiederherstellung nicht korrekt zuordnen.

Konfiguration

Hier ist definiert, wie das System arbeitet: Domains, aktivierte Dienste, Speicherpfade, Rollen sowie Anbindungen an Zusatzdienste wie Collabora, Radicale oder den Virenscanner. Die Konfiguration entscheidet darüber, ob ein wiederhergestelltes System überhaupt startet.

System- und Dienstedaten

Je nach Setup gehören dazu weitere Informationen, etwa Benutzer- und Gruppenstrukturen aus dem integrierten Verzeichnisdienst. Diese Daten liegen meist gemeinsam mit den Metadaten auf dem gleichen Dateisystem, können aber auch getrennt gespeichert sein.

> 💡 **Tipp:**
> Dateien ohne Struktur sind nutzlos. Struktur ohne Dateien ebenso. Ein brauchbares Backup sichert immer Dateiinhalte, Metadaten und die Konfiguration gemeinsam.

Was ist mit Indizes?

Nicht alles, was OpenCloud intern verwendet, müssen Sie zwingend sichern. Dazu gehören beispielsweise Suchindizes. Sie enthalten keine eigenen Daten, sondern nur Hilfsinformationen, um Dateien schneller zu finden. Nach einer Wiederherstellung lassen sie sich automatisch neu aufbauen.

Hinweis:
Wenn der Suchindex nicht Teil des Backups ist, dauert es nach dem Restore eventuell etwas, bis die Suche wieder vollständig verfügbar ist. Das ist normal und kein Fehler.

Wie OpenCloud die Daten ablegt

Bevor Sie ein Backup einrichten, hilft ein kurzer Blick darauf, wie OpenCloud mit Daten umgeht. Das klingt technischer, als es ist – in den meisten Installationen ist die Antwort angenehm übersichtlich. Komplexe Speicherarchitekturen mit ausgelagertem Objektspeicher spielen in diesem Buch bewusst keine Rolle. Sie sind für größere Umgebungen gedacht und würden für dieses Buch mehr verwirren als weiterhelfen.

In einer typischen OpenCloud-Installation liegen Konfiguration, interne Verwaltungsdaten und die eigentlichen Dateien gemeinsam auf einem klassischen Dateisystem. Dieses Dateisystem kann der lokale Speicher des Servers sein, etwa bei einer Installation auf einem Raspberry Pi. Es kann ebenso ein extern angebundenes Laufwerk oder ein gemountetes Verzeichnis sein, wie in Kapitel 15 beschrieben.

Für OpenCloud selbst macht das keinen Unterschied. Der Speicher wird stets als normales Dateisystem behandelt. Entsprechend ist auch das Backup-Konzept einfach: Entscheidend ist nicht, *wo* das Dateisystem liegt, sondern dass alle relevanten OpenCloud-Verzeichnisse gesichert werden.

Damit bleibt die Datensicherung überschaubar. Solange OpenCloud mit einem klassischen Dateisystem arbeitet, umfasst ein Backup genau diese Datenbasis – Konfiguration, Verwaltungsdaten und Dateien. Es sind keine verteilten Speicherorte zu berücksichtigen und keine getrennten Backup-Strategien notwendig.

Ein kurzer Stopp für ein sauberes Backup

Ein Backup ist nur dann verlässlich, wenn OpenCloud währenddessen nicht läuft. Dieser Punkt ist nicht optional und nicht verhandelbar – er entscheidet darüber, ob sich Ihre Daten später tatsächlich wiederherstellen lassen.

Der Grund ist einfach: Während OpenCloud aktiv ist, werden Dateien geschrieben, Metadaten aktualisiert und Uploads verarbeitet. Ein Backup, das mitten in diesen Vorgängen entsteht, kann unvollständig oder widersprüchlich sein. Im schlimmsten Fall lässt es sich zwar zurückspielen, führt aber später zu Fehlern, fehlenden Dateien oder beschädigten Zuständen.

Die Konsequenz ist klar und überschaubar. Für jedes vollständige Backup gilt immer dieselbe Abfolge:

1. **OpenCloud stoppen:** `docker compose down`
2. **Prüfen, ob alle Container beendet sind:** `docker compose ps` zeigt keine laufenden OpenCloud-Dienste mehr.
3. **Backup durchführen:** Sichern Sie die relevanten Verzeichnisse Ihres OpenCloud-Setups.
4. **OpenCloud wieder starten:** `docker compose up -d`
5. **Kurz prüfen, ob OpenCloud sauber läuft:** Anmeldung im Browser genügt

Hinweis:
Das mag zunächst umständlich wirken, macht Backups aber erst zuverlässig. Entscheidend ist nicht die Geschwindigkeit, sondern dass während des Backups nichts verändert wird.

Backup-Strategien für kleine Installationen

In einer typischen OpenCloud-Installation dieses Buches liegt alles auf einem klassischen ext4-Dateisystem. Das gilt sowohl für den internen Speicher des Raspberry Pi als auch für extern angebundene

Festplatten oder Netzlaufwerke. Das Backup erfolgt daher auf klassische Weise: Die relevanten OpenCloud-Verzeichnisse sichern Sie als Ganzes, z. B. mit `rsync`[1], BorgBackup[2], `restic`[3] oder einem einfachen Archiv. Diese Werkzeuge sind seit Jahren bewährt, gut dokumentiert und auf nahezu jedem Linux-System verfügbar.

Diese Art der Datensicherung funktioniert unabhängig von der Hardware, benötigt keine Spezialkonfiguration und lässt sich leicht automatisieren. Genau deshalb ist sie für private und kleine produktive OpenCloud-Installationen der richtige Weg.

Beispiel: OpenCloud-Backup mit „rsync“

Für viele kleine OpenCloud-Installationen ist `rsync` ein idealer Begleiter für Backups: einfach, zuverlässig und überall verfügbar. Der Artikel „Synchron schalten, Rechner mit rsync synchronisieren“[4] erklärt die grundlegenden rsync-Konzepte sehr gut, u. a. synchronisierte Verzeichnisse, Optionen für sichere Kopien und die Nutzung über SSH. Dort können Sie bei Bedarf die Grundlagen nachlesen.

Dieser Abschnitt zeigt, wie Sie anhand Ihrer im Buch beschriebenen OpenCloud-Installation ein vollständiges Backup mit `rsync` auf einen entfernten Server durchführen.

Grundidee

Sie sichern alle relevanten Daten von Ihrem OpenCloud-Server auf einen anderen Rechner, z. B. einen Backup-Server oder eine NAS. Die Verbindung erfolgt über SSH, `rsync` überträgt nur die geänderten Dateien, was Bandbreite und Zeit spart.

---

1. https://rsync.samba.org/
2. https://www.borgbackup.org/
3. https://restic.net/
4. https://www.linux-community.de/ausgaben/easylinux/2005/03/rechner-mit-rsync-synchronisieren/

Voraussetzungen

Auf beiden Systemen ist `rsync` installiert. Sie haben SSH-Zugriff vom OpenCloud-Server auf den entfernten Backup-Server. OpenCloud läuft nicht.

Zielverzeichnis auf dem Backup-Server anlegen

Melden Sie sich auf dem Backup-Server an und legen Sie ein Verzeichnis für das OpenCloud-Backup an:

```
ssh backupuser@backup.server.example

mkdir -p /backups/opencloud

exit
```

In diesem Beispiel ist `/backups/opencloud` der Ort, an dem Ihre Sicherung landet; ersetzen Sie den Benutzer- und Servernamen entsprechend.

„rsync"-Befehl auf dem OpenCloud-Server

Wechseln Sie auf den OpenCloud-Server und führen Sie folgenden `rsync`-Befehl aus:

```
rsync -avz --delete /mnt/data/ /opt/
opencloud/ backupuser@backup.server.
example:/backups/opencloud/
```

Erklärung der Optionen:

- `-a`: Archivmodus (Erhalt von Rechten, Zeitstempeln, Symlinks)
- `-v`: „verbose“, zeigt den Fortschritt an
- `-z`: Kompression während der Übertragung
- `--delete`: löscht auf dem Zielrechner Dateien, die im Quellverzeichnis nicht mehr vorhanden sind
- `/mnt/data`: Dateien, Versionen, Metadaten
- `/opt/opencloud/opencloud-compose/`: Konfiguration, Docker-Setup, Dienste
- `backupuser@backup.server.example:/backups/opencloud/`: Ziel auf dem Backup-Server

> **Hinweis:**
> Passen Sie den Quellpfad an, wenn Ihre OpenCloud-Daten woanders liegen (z. B. andere Bind-Mounts oder Konfigurationsverzeichnisse).

Sobald der `rsync`-Lauf abgeschlossen ist, können Sie OpenCloud wieder hochfahren. Prüfen Sie im Browser, ob alles wie gewohnt funktioniert.

Regelmäßige Sicherung

Für regelmäßige Backups können Sie diesen `rsync`-Befehl z. B. in einen Cron-Job[5] einbauen. Damit läuft das Backup automatisiert im Hintergrund. Beachten Sie: OpenCloud sollte für ein konsistentes Backup nicht laufen. Gegebenenfalls sichern Sie Ihre Daten von Hand während einer Pause im Betrieb.

5. https://www.linux-community.de/ausgaben/linuxuser/2006/02/cron-at/

Wiederherstellung im Fehlerfall

Eine Wiederherstellung ist kein Sonderfall für Katastrophen, sondern der logische Gegenpart zum Backup. Sie folgt immer demselben einfachen Ablauf – unabhängig davon, ob es um einen defekten Datenträger, ein fehlgeschlagenes Update oder einen Bedienfehler geht.

Der wichtigste Punkt zuerst: OpenCloud darf während der Wiederherstellung nicht laufen. Nur so stellen Sie sicher, dass die zurückgespielten Daten vollständig und konsistent sind. Und so läuft die Wiederherstellung ab:

1. **OpenCloud gestoppt lassen:** Stellen Sie sicher, dass der Stack nicht läuft (`docker compose down`).
2. **Daten aus dem Backup zurückspielen:** Kopieren Sie die gesicherten Verzeichnisse an ihren ursprünglichen Ort zurück (z. B. `/mnt/data` und `/opt/opencloud`).
3. **Gleiche OpenCloud-Version verwenden:** Nutzen Sie nach Möglichkeit dieselbe OpenCloud-Version und dasselbe Compose-Setup, mit dem das Backup erstellt wurde. Wenn Sie das gesamte OpenCloud-Verzeichnis inklusive der Compose-Dateien und der `.env` gesichert haben, dann ist diese Voraussetzung automatisch erfüllt.
4. **OpenCloud wieder starten:** Starten Sie den Stack wie gewohnt (`docker compose up -d`).

Tipp:
Ein Backup, das nie getestet wurde, ist kein gutes Backup. Testen Sie eine Wiederherstellung mindestens einmal, z. B. auf einem zweiten System oder einer Kopie des Servers. Danach wissen Sie, dass Ihr Backup wirklich funktioniert.

Kapitel 23
Wartung und Updates

Auch ein Raspberry Pi braucht gelegentlich Aufmerksamkeit. Nicht, weil OpenCloud instabil wäre, sondern weil Container, Daten und Updates sich nicht von allein pflegen. Wer das ignoriert, merkt es meist erst dann, wenn etwas nicht mehr rund läuft.

Wartung bedeutet hier aber keinen Dauerjob. Es geht um überschaubare Handgriffe: Updates bewusst einspielen, Speicher im Blick behalten, bei Bedarf in Logs schauen. Richtig gemacht ist das kein täglicher Aufwand, sondern Teil eines normalen Betriebs.

Updates für Container und Images

Bevor es um konkrete Befehle geht, lohnt sich ein kurzer Blick auf das Grundprinzip. Denn bei OpenCloud laufen alle Dienste in Containern – und genau das bestimmt, wie Updates funktionieren.

Was bedeutet ein Update bei Docker eigentlich?

Ein Docker-Setup unterscheidet strikt zwischen Images und Containern. Ein Image ist die Vorlage: ein fest gebautes Paket aus Betriebssystem-Bestandteilen, Programmen und Konfigurationen. Ein Container ist die laufende Instanz dieses Images – vergleichbar mit einem gestarteten Programm.

> **Hinweis:**
> Beachten Sie: Ein laufender Container aktualisiert sich nicht selbst – hier ist Ihr Einsatz gefragt!

Wenn der Hersteller ein neues Image veröffentlicht, bleibt der bestehende Container unverändert. Er läuft weiter mit genau dem Stand, mit dem er gestartet wurde. Erst wenn Sie den Container beenden und mit einem aktuelleren Image neu starten, kommt das Update tatsächlich zum Einsatz.

Das ist kein Mangel, sondern ein bewusstes Designprinzip von Docker. Es verhindert, dass sich ein laufendes System unbemerkt verändert. Updates passieren kontrolliert, nachvollziehbar und zu einem Zeitpunkt, den Sie selbst festlegen. Gerade auf einem Raspberry Pi ist das ein Vorteil: Sie behalten die Kontrolle und erleben keine Überraschungen im laufenden Betrieb.

Noch einmal zusammengefasst:

- **Images** werden vom Hersteller aktualisiert.
- **Container** laufen stabil weiter, bis Sie sie bewusst ersetzen.
- Genau diese Trennung macht Updates planbar und zuverlässig.

Bevor Sie über Updates nachdenken, lohnt sich ein kurzer Blick auf den aktuellen Stand. Wechseln Sie ins Verzeichnis Ihrer OpenCloud-Installation und zeigen Sie die laufenden Container an:

```
docker compose ps
```

Die Ausgabe zeigt, welche OpenCloud-Dienste aktuell laufen. Solange hier alles stabil ist (Status `Up` bzw. `healthy`), besteht kein unmittelbarer Handlungsbedarf.

Wann Updates sinnvoll sind

Nicht jedes neue Image ist ein Grund, sofort aktiv zu werden. Updates sind dann sinnvoll, wenn es dafür einen konkreten Anlass gibt. Das ist vor allem bei Sicherheitsupdates der Fall. Sie schließen bekannte Schwachstellen und halten das System auf einem sauberen

Stand. Auch Bugfixes sind ein guter Anlass. Wenn sich ein Dienst ungewöhnlich verhält, Fehlermeldungen produziert oder nicht zuverlässig arbeitet, beheben neue Images solche Probleme häufig gezielt.

Neue Funktionen spielen dagegen meist eine untergeordnete Rolle. Gerade auf einem Raspberry Pi ist ein stabiler Betrieb oft wichtiger als das neueste Feature. Deshalb gilt: Sie müssen nicht täglich nach Updates suchen. OpenCloud und die zugehörigen Container sind darauf ausgelegt, über längere Zeit stabil zu laufen. Regelmäßige, bewusst geplante Updates sind sinnvoller als hektisches Aktualisieren bei jeder neuen Version.

Updates vorbereiten

Bevor Sie Updates einspielen, sollten Sie sich eines bewusst machen: Ein Update verändert den Systemzustand. Falls dabei etwas schiefgeht, möchten Sie wieder zum vorherigen Stand zurückkehren können. Ein aktuelles Backup ist deshalb keine Formalität, sondern die Grundlage für entspannte Updates (siehe Kapitel 22).

Ebenso wichtig ist die Versionstreue. Nutzen Sie nach Möglichkeit dieselbe OpenCloud-Version, für die Ihr Setup eingerichtet wurde. Container, Konfiguration und Daten greifen ineinander. Werden Images ohne Blick auf die passende Version ausgetauscht, können Inkonsistenzen entstehen – etwa bei Metadaten oder internen Diensten.

Tipp:
Kurz gesagt: Erst sichern, dann aktualisieren. Prüfen Sie vor einem Update, wann Sie Ihr letztes Backup erstellt haben und ob es den aktuellen Stand Ihrer OpenCloud-Daten enthält. Erst dann fahren Sie mit dem Update fort.

Container-Images aktualisieren (Grundprinzip)

Ein Update läuft immer so ab: Zunächst laden Sie neue Images aus dem Repository. Dabei ändert sich am laufenden System noch nichts – es werden lediglich aktualisierte Vorlagen bereitgestellt. Erst im zweiten Schritt starten Sie die Container neu. Die laufenden Container werden beendet und anschließend neue Container auf Basis der aktualisierten Images gestartet. Ihre Daten bleiben dabei erhalten, da sie nicht im Container selbst liegen, sondern in angebundenen Verzeichnissen.

Es findet also kein „Upgrade im laufenden Betrieb" statt. Stattdessen startet das System sauber mit dem neuen Stand. Genau das macht Updates nachvollziehbar und gut kontrollierbar – auch auf leistungsschwächerer Hardware wie dem Raspberry Pi.

Um nach neuen Images zu suchen, führen Sie im OpenCloud-Verzeichnis folgenden Befehl aus:

```
docker compose pull
```

Docker prüft dabei für jedes konfigurierte Image, ob eine neuere Version verfügbar ist, und lädt sie gegebenenfalls herunter. Die Ausgabe zeigt für jedes Image den Abgleich mit dem Repository an. Auch wenn keine inhaltliche Änderung vorliegt, erscheinen dabei Meldungen wie `Pulling` und Versions- oder Digest-Angaben.

> **Hinweis:**
> Ob sich tatsächlich etwas geändert hat, ist für Docker an dieser Stelle zweitrangig. Entscheidend ist: Die laufenden Container bleiben in jedem Fall unverändert, bis Sie sie bewusst neu starten.

Erst der Neustart der Container übernimmt den neuen Stand:

```
docker compose down
docker compose up -d
```

Typische Stolperfallen

Eine häufige Fehlerquelle sind größere Versionssprünge. Mehrere Versionen auf einmal zu überspringen kann funktionieren, muss es aber nicht. Gerade bei umfangreicheren Änderungen lohnt es sich, schrittweise vorzugehen oder zumindest die Hinweise zur jeweiligen Version zu lesen. Die Release Notes[1] erklären oft genau, welche Änderungen der Hersteller vorgenommen hat und ob Anpassungen erforderlich sind. Wer sie ignoriert, wundert sich später über vermeintliche Fehler, die eigentlich erwartetes Verhalten sind.

Eine oft gestellte Frage ist dann: „Warum sieht plötzlich alles anders aus?" Meist steckt dahinter kein Defekt, sondern eine bewusste Änderung – etwa eine neue Voreinstellung, eine überarbeitete Oberfläche oder ein angepasstes Standardverhalten. Updates bringen Verbesserungen, aber manchmal auch Veränderungen, an die man sich kurz gewöhnen muss.

Updates für Raspberry Pi OS

Neben OpenCloud selbst sollten Sie auch das Betriebssystem Ihres Raspberry Pi regelmäßig aktualisieren. Raspberry Pi OS basiert auf Debian GNU/Linux und nutzt die Debian-Paketverwaltung APT.

Paketlisten aktualisieren

Melden Sie sich zunächst per SSH auf Ihrem Raspberry Pi an. Als Erstes aktualisieren Sie die Paketlisten:

1. https://github.com/opencloud-eu/opencloud/releases

```
sudo apt update
```

Dieser Befehl installiert noch nichts. Er fragt lediglich die Paketquellen ab und lädt aktuelle Informationen darüber, welche Programme verfügbar sind, welche Versionen es gibt und wie die einzelnen Pakete voneinander abhängen.

Verfügbare Updates anzeigen

Gibt es neue Pakete auf den entfernten Servern, schreibt `apt` das ins Terminal, und Sie können mit `apt list --upgradable` nachschauen, welche neuen Pakete für Ihr System zur Verfügung stehen.

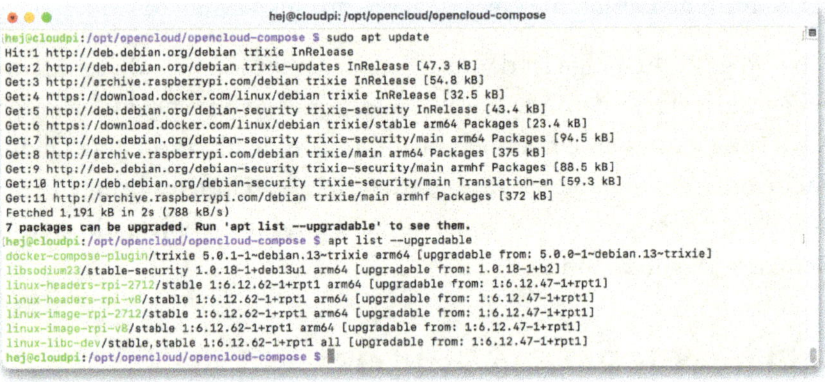

Paketlisten aktualisieren und verfügbare Updates unter Raspberry Pi OS anzeigen

Pakete aktualisieren

So spielen Sie verfügbare Updates ein:

```
sudo apt upgrade
```

Zur Bestätigung drücken Sie `[Y]`. APT aktualisiert nur bestehende Pakete. Das Werkzeug entfernt keine Programme und nimmt keine grundlegenden Systemänderungen vor.

Regelmäßige Wartungsaufgaben

Regelmäßige Wartung bedeutet nicht, dass Sie ständig etwas tun müssen. Im Gegenteil: In den meisten Fällen läuft OpenCloud auf dem Raspberry Pi unauffällig vor sich hin. Trotzdem ist es hilfreich, ein paar Punkte im Blick zu behalten. So merken Sie frühzeitig, wenn sich Probleme anbahnen.

Dazu gehört zuerst der Speicherplatz. Der Raspberry Pi arbeitet mit begrenztem Platz, und voller Speicher macht sich oft erst bemerkbar, wenn bereits Probleme auftreten. Ein gelegentlicher Blick auf den freien Speicher reicht meist aus, um Überraschungen zu vermeiden. Dazu genügt ein einfacher Befehl im Terminal:

```
df -h
```

Die Ausgabe wirkt auf den ersten Blick umfangreich, relevant sind aber meist nur zwei Zeilen:

```
/dev/mmcblk0p2 117G  9.9G  103G   9% /
/dev/sda1   931G 412G 472G  47% /mnt/data
```

Entscheidend sind die beiden Spalten `Avail` (der noch freie Speicherplatz) und `Use%` (wie viel Prozent des Speichers bereits belegt sind). Solange hier noch deutlich Platz frei ist (z. B. unter 80 % Belegung), besteht kein Handlungsbedarf.

Ebenso sinnvoll ist es, die laufenden Container im Auge zu behalten. Sie müssen nicht permanent kontrollieren, was im Hintergrund passiert. Aber wenn Sie sich ohnehin am System anmelden, lohnt ein kurzer Blick darauf, ob alle Dienste wie erwartet laufen. Das gibt Sicherheit und hilft, Unregelmäßigkeiten früh zu erkennen.

Updates sind ebenfalls Teil der Wartung – allerdings nicht als spontane Aktion. Wer Updates bewusst einplant, hat Zeit für ein Backup, einen Neustart und eine kurze Kontrolle danach. Das ist deutlich entspannter, als unter Zeitdruck reagieren zu müssen.

Diese wenigen Punkte bilden eine überschaubare Checkliste. Mehr braucht es im Alltag nicht. Wenn Speicher, Container und Update-Zeitpunkte im Blick bleiben, ist das System gut betreut – ohne dass Wartung zur Dauerbeschäftigung wird.

Neustarts: wann sie helfen (und wann nicht)

Ein Neustart ist kein Allheilmittel, aber oft ein sinnvoller erster Schritt. Gerade bei Containern gilt: Lieber gezielt neu starten als hektisch nach Fehlern suchen, die sich damit ohnehin erledigen. Wenn OpenCloud zwar erreichbar ist, sich aber einzelne Dienste merkwürdig verhalten (etwa langsamer reagieren oder temporär Fehler melden), reicht häufig ein Neustart der Container. Dazu wechseln Sie in das Verzeichnis Ihrer OpenCloud-Installation und führen dieses Kommando aus:

```
docker compose restart
```

Dieser Befehl startet alle Container kontrolliert neu, ohne sie vorher vollständig zu entfernen. Konfiguration und Daten bleiben unverändert. Für viele kleinere Probleme ist das bereits ausreichend.

Falls Sie sicherstellen möchten, dass wirklich alle Container sauber beendet und neu gestartet werden, können Sie auch den vollständigen Neustart durchführen:

```
docker compose down

docker compose up -d
```

Das entspricht einem klaren „Aus und wieder Ein" für den gesamten OpenCloud-Stack.

Manchmal liegt das Problem nicht bei OpenCloud selbst, sondern beim System darunter – etwa nach Kernel-Updates oder wenn der Raspberry Pi sehr lange durchgelaufen ist. In solchen Fällen kann ein Neustart des gesamten Systems sinnvoll sein:

```
sudo reboot
```

Der Raspberry Pi startet danach komplett neu, inklusive Betriebssystem und Docker-Diensten.

Ordnung halten

Im laufenden Betrieb sammeln sich mit der Zeit Überreste an: alte Images, nicht mehr genutzte Container oder zwischengespeicherte Daten. Gelegentlich aufzuräumen hilft, Speicherplatz freizuhalten.

Alte Images entfernen

Wenn Sie OpenCloud oder andere Container mehrfach aktualisiert haben, liegen oft ältere Images ungenutzt auf dem System. Diese können Sie so anzeigen:

```
docker images
```

Wenn bei docker images alle Images als `In Use` markiert sind, gibt es nichts aufzuräumen.

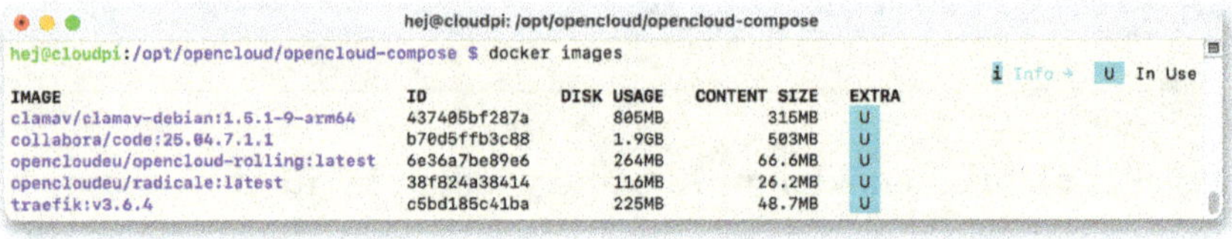

Auflistung der verwendeten Docker-Images im OpenCloud-Setup

Docker kann ungenutzte Images automatisch entfernen:

```
docker image prune
```

Dabei werden nur Images gelöscht, die von keinem Container mehr verwendet werden. Docker fragt vorab nach einer Bestätigung.

Ungenutzte Container aufräumen

Auch gestoppte Container können sich ansammeln, etwa nach Tests oder fehlgeschlagenen Starts. Diese entfernen Sie so:

```
docker container prune
```

Auch hier gilt: Es werden nur Container gelöscht, die nicht laufen.

Kapitel 24
Erste Hilfe bei Problemen

Dieses Kapitel setzt dort an, wo der normale Betrieb endet und etwas nicht mehr wie erwartet funktioniert. Das kann eine nicht erreichbare Weboberfläche sein, ein Dienst, der nicht startet, oder ein Verhalten, das sich nach einem Update geändert hat.

Ziel ist dabei nicht, tief in die Fehlersuche einzusteigen oder jedes Problem vollständig zu lösen. Stattdessen geht es um eine strukturierte Vorgehensweise: typische Probleme erkennen, offensichtliche Ursachen prüfen und an den richtigen Stellen nach Hinweisen suchen. Oft lässt sich so bereits klären, ob es sich um ein vorübergehendes Problem handelt oder ob ein genauerer Blick nötig ist.

Ruhe bewahren: erste Checks

Bevor Sie tiefer einsteigen, lohnt es sich, einen Schritt zurückzugehen und die offensichtlichen Grundlagen zu prüfen. Viele Probleme lassen sich bereits hier einordnen – ohne Logs, ohne Detailanalyse und ohne größere Eingriffe.

Läuft der Raspberry Pi überhaupt? Ist das Gerät eingeschaltet, reagiert es auf das Netzwerk und lässt sich per SSH erreichen? Wenn der Pi nicht erreichbar ist, liegt die Ursache meist außerhalb von OpenCloud – etwa bei Stromversorgung, Netzwerk oder dem Betriebssystem selbst.

Ist der Raspberry Pi erreichbar, folgt der nächste Schritt: Laufen die OpenCloud-Dienste grundsätzlich? Wechseln Sie dazu in das Verzeichnis Ihrer OpenCloud-Installation und lassen Sie sich den Status der Container anzeigen:

```
docker compose ps
```

Die Ausgabe zeigt, welche Container aktiv sind und ob sie laufen. Sind alle relevanten Dienste als `Up` oder `healthy` markiert, ist OpenCloud zumindest technisch gestartet. Viele vermeintliche Fehler lassen sich damit bereits eingrenzen.

Falls Container nicht laufen oder unmittelbar wieder stoppen, ist das ein Hinweis darauf, dass ein genauerer Blick notwendig ist. In manchen Fällen reicht auch ein gezielter Neustart der Container oder des Systems, wie in Kapitel 23 beschrieben.

Häufige Probleme

In vielen Fällen zeigen sich Probleme nicht als klare Fehlermeldung, sondern als ungewohntes Verhalten. Die folgenden Szenarien treten in der Praxis besonders häufig auf. Sie dienen nicht der Diagnose im Detail, sondern der Wiedererkennung: Kommt Ihnen das bekannt vor? Dann wissen Sie, wo Sie ansetzen können.

Weboberfläche nicht erreichbar: Die OpenCloud-Weboberfläche lässt sich im Browser nicht aufrufen, lädt nur teilweise oder liefert eine Fehlermeldung. Das kann auf nicht laufende Container, Netzwerkprobleme oder einen vorgeschalteten Dienst wie den Reverse Proxy hinweisen.

Anmeldung funktioniert nicht: Die Anmeldeseite erscheint, aber der Login schlägt fehl oder endet ohne Rückmeldung. Ursachen können bei Authentifizierung, internen Diensten oder veränderten Konfigurationen liegen.

Dateien lassen sich nicht öffnen oder hochladen: Die Oberfläche ist erreichbar, aber Dateien lassen sich nicht anzeigen, bearbeiten oder hochladen. Häufig hängen solche Probleme mit Speicher, Berechtigungen oder Hintergrunddiensten zusammen.

Dienste starten, stoppen aber sofort wieder: Container werden gestartet, wechseln jedoch kurz darauf in den Status `exited` oder starten in einer Schleife neu. Das ist ein typisches Zeichen für Konfigurationsprobleme oder fehlende Abhängigkeiten.

OpenCloud wirkt langsam oder reagiert nicht: Antworten dauern ungewöhnlich lange, Aktionen brechen ab, oder das System wirkt insgesamt träge. Gerade auf einem Raspberry Pi kann dies auf knappe Ressourcen oder einen überlasteten Dienst hindeuten.

> 💡 **Tipp:**
> Wenn Sie eines dieser Symptome beobachten, lohnt es sich, die folgenden Abschnitte durchzugehen. Sie zeigen, wo Sie nachschauen können und welche Informationen helfen, das Problem weiter einzugrenzen.

Typische Fehlermeldungen

Fehlermeldungen gehören zum Betrieb dazu. Sie sind kein Zeichen dafür, dass etwas grundsätzlich kaputt ist, sondern liefern Hinweise darauf, was gerade nicht wie erwartet funktioniert. Entscheidend ist dabei weniger die einzelne Meldung als ihr Zusammenhang.

HTTP-Fehler (502, 503, 504): Diese Fehler treten häufig auf, wenn ein vorgeschalteter Dienst zwar erreichbar ist, der eigentliche Open-Cloud-Dienst dahinter aber nicht oder nicht rechtzeitig antwortet. Sie deuten oft auf Startprobleme, Überlastung oder kurzzeitig nicht verfügbare Dienste hin.

Container exited: Wenn ein Container sofort wieder beendet wird, meldet Docker den Status `exited`. Das bedeutet lediglich, dass der Dienst nicht dauerhaft laufen konnte. Die Ursache liegt meist in der Konfiguration oder bei fehlenden Abhängigkeiten, nicht bei Docker selbst.

Connection refused: Diese Meldung weist darauf hin, dass eine Verbindung grundsätzlich möglich wäre, der Ziel-Dienst aber nicht erreichbar ist oder nicht läuft. Häufig tritt sie auf, wenn ein Dienst noch nicht gestartet ist oder bereits wieder beendet wurde.

Permission denied: Berechtigungsfehler sind unter Linux nicht selten. Sie bedeuten in der Regel, dass ein Prozess oder Benutzer nicht auf eine Datei oder ein Verzeichnis zugreifen darf. Das ist nicht automatisch kritisch, sondern oft ein Hinweis auf fehlende Rechte oder falsch gesetzte Zugriffsregeln.

> **Hinweis:**
> Nicht jede Fehlermeldung erfordert sofortiges Eingreifen. Manche Meldungen tauchen kurzzeitig auf, z. B. während eines (Neu)Starts, und verschwinden wieder von selbst.

Logfiles lesen

Logfiles werden dann interessant, wenn ein konkretes Problem auftritt, das Sie nicht einordnen können. Ziel dieses Abschnitts ist deshalb nicht, alle möglichen Protokolle vorzustellen, sondern zu zeigen, wo ein Blick lohnt und wo nicht.

Docker-Logs

Da OpenCloud aus Containern besteht, sind die Docker-Logs oft der erste sinnvolle Einstieg. Sie zeigen, was ein Dienst beim Start oder während des Betriebs meldet. Um sich einen Überblick zu verschaffen, können Sie die Logs aller Container anzeigen lassen:

```
docker compose logs
```

In vielen Fällen ist es hilfreicher, sich auf einen einzelnen Dienst zu konzentrieren, etwa wenn nur ein Container Probleme macht. Dazu hängen Sie den Namen des Dienstes an den Befehl an, z. B. `clamav` (für den Virenscanner) oder `collabora` (für das Weboffice).

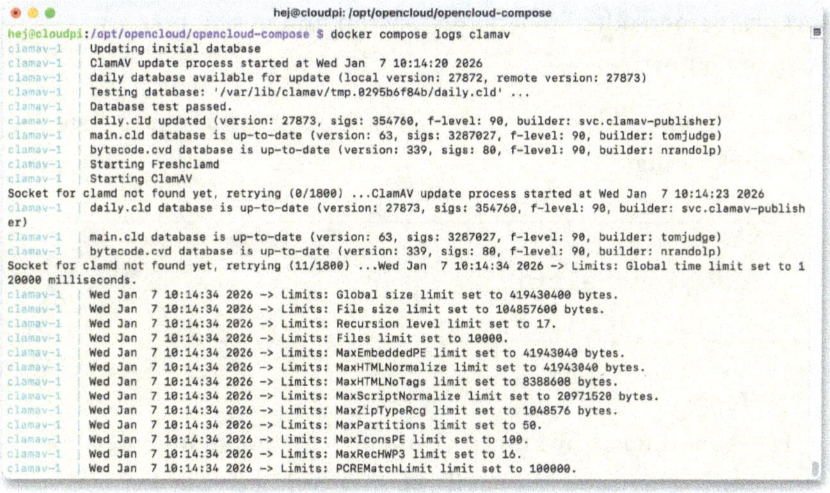

Ausgabe der Docker-Logs des ClamAV-Dienstes

Docker-Logs sind besonders dann hilfreich, wenn ein Container nicht startet oder sofort wieder beendet wird, beim Start Fehlermeldungen erscheinen oder ein Dienst offensichtlich nicht erreichbar ist. Sie können Docker-Logs meist ignorieren, wenn alle Container stabil laufen oder das beobachtete Problem eher mit Netzwerk, Speicher oder dem Betriebssystem zusammenhängt.

Systemlogs unter „/var/log"

Manche Probleme liegen nicht in OpenCloud oder Docker selbst, sondern eine Ebene darunter – im Betriebssystem. Genau hier helfen die klassischen Systemlogs. Die meisten davon finden Sie unterhalb des Verzeichnisses `/var/log`; zum Lesen benötigen Sie Root-Rechte:

```
sudo less /var/log/messages
```

Die Protokolle `/var/log/syslog` und `/var/log/messages` enthalten Meldungen zu Systemdiensten, Netzwerk, Speicher, Hardware und dem Kernel. Gerade bei unerklärlichen Abstürzen, Netzwerkproblemen oder Speicherengpässen finden sich hier oft passende Hinweise.

Optional können Sie auch `journalctl` nutzen. Für einen ersten Überblick genügt meist:

```
sudo journalctl
```

Tipp:
In `less` und in `journalctl` blättern Sie mit den Pfeiltasten oder der Leertaste. Mit der Taste `[Q]` verlassen Sie die Anzeige wieder.

Manpages

Viele Kommandozeilenprogramme haben eigene Handbücher, die sogenannten Manpages. Sie lesen diese mit dem Befehl `man`. Direkt dahinter schreiben Sie den Namen des Programms, zu dem Sie Hilfe benötigen, etwa:

```
man ls
```

Sind Sie nicht sicher, wie der Befehl heißt, zu dem Sie Hilfe suchen? Kein Problem – mit `man -k <suchbegriff>` oder `apropos` können Sie nach Schlüsselwörtern suchen:

```
$ apropos editor

ed (1) - line-oriented text editor

editor (1) - Nano's ANOther text editor,
inspired by Pico

ex (1) - Vi IMproved, a programmer's text
editor

[…]
```

In den Manpages können Sie mit den Pfeiltasten blättern, mit der Leertaste geht es eine Seite nach unten, die Taste `[B]` bringt Sie eine Seite zurück. Um das Programm zu verlassen, drücken Sie `[Q]`.

Auf vielen Linux-Distributionen, auch unter Raspberry Pi OS, sind die Manpages zum Teil in andere Sprachen übersetzt worden. Wenn Sie das Paket `manpages-de` installieren, können Sie viele Handbuchseiten in deutscher Sprache lesen.

In den Manpages finden Sie meistens die folgenden Abschnitte:

- `BEZEICHNUNG/NAME`: Name und Kurzbeschreibung
- `ÜBERSICHT/SYNOPSIS`: vollständige Liste aller Parameter und Optionen
- `BESCHREIBUNG/DESCRIPTION`: Beschreibung der Funktionsweise
- `BEISPIELE/EXAMPLES`: ein paar Beispiele, wie Sie ein Kommando einsetzen
- `OPTIONEN/OPTIONS`: normalerweise alphabetisch sortierte Liste aller Parameter und Optionen
- `EXIT-STATUS/EXIT STATUS`: mögliche Rückgabewerte und ihre Bedeutung

- `UMGEBUNGSVARIABLEN/ENVIRONMENT`: Variablen, mit denen Sie bestimmte Voreinstellungen des Programms festlegen
- `DATEIEN/FILES`: falls das Programm bestimmte (Konfigurations-)Dateien benötigt, sind diese hier aufgelistet
- `SIEHE AUCH/SEE ALSO`: eine Liste mit ähnlichen oder verwandten Kommandos

Nicht jede Manpage enthält alle diese Abschnitte. Manchmal haben die Autor*innen auch eigene Überschriften für die Bereiche verwendet, etwas hinzugefügt oder weggelassen.

Hilfe im Internet

Nicht jedes Problem können Sie alleine auf dem eigenen System oder mit einer Suchmaschinen-Recherche klären. Wenn die bisherigen Schritte keine ausreichenden Hinweise liefern, lohnt sich ein Blick auf die offiziellen Anlaufstellen rund um OpenCloud. Wichtig ist dabei, gezielt zu suchen und nicht wahllos Informationen zusammenzutragen.

Für viele Fragen ist die Dokumentation der beste Einstieg. Sie beschreibt typische Szenarien, bekannte Einschränkungen und empfohlene Vorgehensweisen:

- **OpenCloud FAQ:** https://docs.opencloud.eu/docs/admin/resources/faq
- **Häufige Probleme:** https://docs.opencloud.eu/docs/admin/resources/common-issues

Wenn die Dokumentation keine passende Antwort liefert oder ein Problem spezieller ist, helfen Diskussionen mit anderen Anwenderinnen und Anwendern weiter. Dort finden sich oft ähnliche Fragestellungen oder konkrete Erfahrungen aus der Praxis. Für den direkten Austausch eignet sich der Matrix-Chat. Er ist besonders hilfreich bei Rückfragen oder wenn ein Problem gemeinsam eingegrenzt werden soll.

- **Diskussionen & Fragen:** https://github.com/orgs/opencloud-eu/discussions
- **Matrix-Chat:** https://matrix.to/#/#opencloud:matrix.org

Unabhängig vom Kanal gilt: Je klarer Sie eine Frage formulieren, desto hilfreicher fallen die Antworten aus. Beschreiben Sie knapp, was nicht funktioniert, was Sie bereits geprüft haben und welche Fehlermeldungen sichtbar sind. Das spart Zeit – auf beiden Seiten – und erhöht die Chancen, schnell eine passende Lösung zu finden.

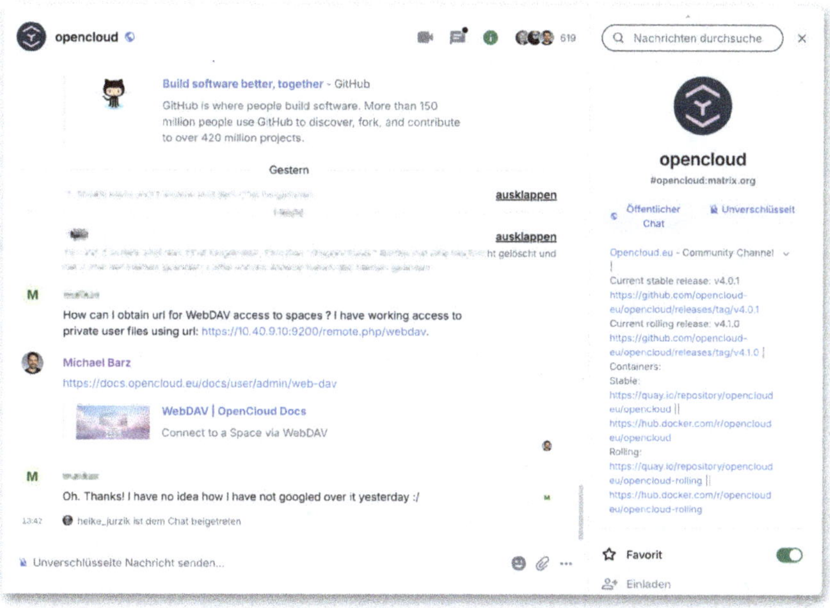

OpenCloud-Community im Matrix-Chat

www.ingramcontent.com/pod-product-compliance
Lightning Source LLC
LaVergne TN
LVHW010920051026
849532LV00003B/778